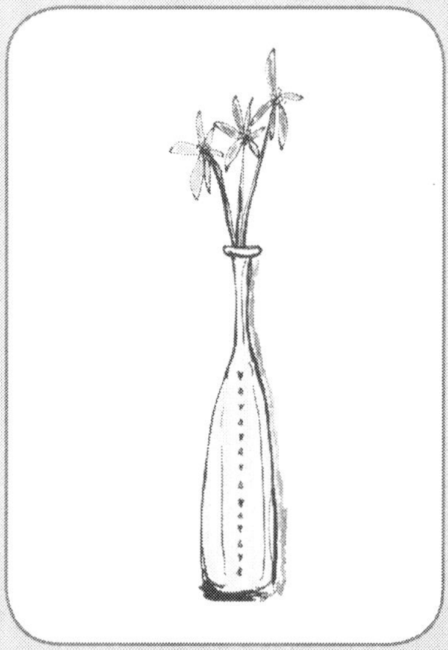

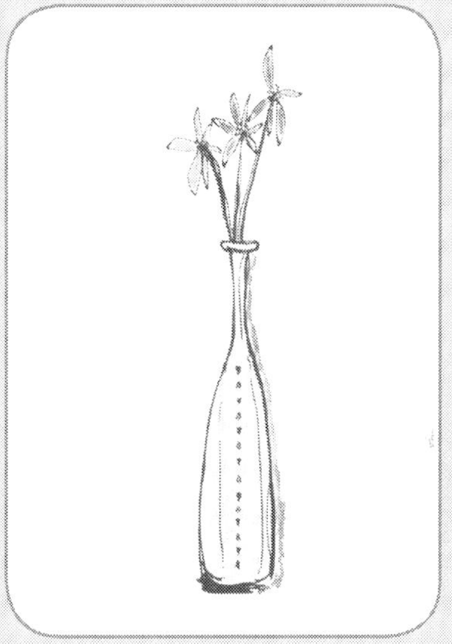

實則普遍之理，即無私之心；無私之心，即至善之性；
至善之性，即超越之天。
此所以性為天性，心為天心，理為天理，
而天又復為性天。

中庸講義

程兆熊 著

鵝湖書院叢書總序

我初到鵝湖時，曾有詩抒寫一己之觀感，名「初到鵝湖」。其一爲：

「省識風塵萬里吟，回頭自是白雲深；當年一次鵝湖會，此月還留天地心；
應任予懷山與水，不須他想古猶今；眼前光景如何似？喜見桃花李樹林。」

其二爲：

「等閒覓得新天地，便自逍遙天地中；此水已非前水在，他山更映後山紅。
拈來花草留窗下，携得孩兒過水東；祇是鵝湖欣作主，嬉嬉終不似孩童。」

在鵝湖，東晉時有一姓龔的隱士養了許多鵝。在唐時，有馬祖的大弟子名大義禪師，成了一個大叢林，名峰頂寺。在南宋時，有朱子，陸象山，陸子壽，呂祖謙四先生聚會講學，後來成了一個鵝湖書院，那是天下四大書院之一。到清末民初時，地方人士更從而創辦了鵝湖師範學校和信江中學堂，家父小時，就在那裡讀書。我初到鵝湖之二詩，是成於民國三十四年六月五日。那時抗日戰爭纔結束，我就由地方人士請去辦信江農專，信江農學院，並附設青年軍屯墾訓練班，還計劃辦信江大學。只不過一到三十八年四月四日，我就離了鵝湖，不久又來了臺灣，在臺灣臺北，我偶然和同學沈珠嫣，陳冠州，張清標，劉儷，蔡龍銘等，到了一個翠谷，獲一勝境，頗似鵝湖，因即塡一詞，調名江城子。詞爲：

「由來地久與天長，路漫漫，雲飛揚。翠谷深深，難得是清閒。到此應知無限好，纔放下，即清涼。」

「眼前溪水正潺潺，兩山間，一山莊。境似鵝湖，只不見冰霜！試問一心何所繫？炎夏日，水雲鄉。」

我在以前的鵝湖書院裡，辦了學校，栽種了不少的桃李梨橘，又寫了一些文章，也印了一些書，這都符合著一個書院。但自三十八年四月四日離了鵝湖以後，近四十年來，更在臺灣山地首先栽種著桃梨以至於蘋果，又在臺中農學院寫了不少文章，也在香港新亞書院及臺大，文大等校，印了不少的書，但總是不見了一個書院。因思鵝湖書院雖已遠離，但對一己所居之處與所藏之境，即復名之爲書院；而以所印之書，亦名之爲書院叢書。以免此一書院消失於今日世界，而求安頓此懷，安頓此心，並安頓此一生命和此一世界，又有何不可？爲此之故，我遂將近寫之文，有關生命，有關園林，有關世界，與夫有關農工業文化者，雖不少已發表於各報章雜誌，但爲免散失，終集成一書，並命名爲「生命與世界」，且即以之爲鵝湖叢書之一。另將以前在香港新亞書院所講之經子講義，如四書、五經、人物誌及文心雕龍等，分別編爲《四書大義》，《五經大義》，《人學與人物》及《文學與文心》等書，繼續予以出版，同作鵝湖書院叢書。自念一離鵝湖，即海外飄浮，幸吾妻携出子女六人，終獲成長。杜甫有詩云：「途窮賴友生。」今此鵝湖書院叢書之印行，亦是全賴友生。而明文書局於印行拙著《論中國庭園花木》，《道家思想》以及《儒家思想》等書之後，又鼎力相助，實更可感。故特於此向李董事長潤海，徐主編春梅，劉編輯盈伶等先生小姐誌謝！

民國七十五年十月程兆熊於陽明山

四書大義前言

（一）

本書原擬合下列八書而成一書，此即：

1.《論語講義》；
2.《孟子講義》；
3.《大學講義》；
4.《中庸講義》；
5.《論語復講》；
6.《孟子新講》；
7.《荀子講義》；
8.《儒家思想與國際社會》。

似此八書，大都為在大學之講義，再加以復講，新講以及擴至國際社會之所謂國際講。猶憶在多年以前，當我將一己所寫「儒家思想與國際社會」之講稿，送請熊十力老先生過目時；他竟於細細觀看之後，特函我道：文章博雜，但在目前，如此說來，亦甚好。迨來臺灣後，除教書於臺中農學院外，復在臺中大度山東海大學外文系講《論語》，並寫成《論語講義》。隨後赴香港中文大學新亞書院講經子課程，先後又寫成《孟子講義》，以及《大學》、《中庸》與《荀子》等講義。寫成之後，又憶及熊老先生之言，並猛憶禪門中之雲門語，此即是：

「問：如何是一代時教？

答：對一說！

問：不是目前機，亦非目前事，如何？

答：倒一說。」

（二）

為此之故，「對一說」了之後，我終不能不「倒一說」。於是復講、新講，以至通講、別講，又相繼而至。在此之際，我的老母，已十七年來未能見一面。不久更長眠於故土，因更千百世不可解於心。今則於寫成《思親集》之餘，又於想念鵝湖之外，遂只能因友人之助，印成一些鵝湖書院叢書。以上所列八書所合成之四書大義，本定為鵝湖書院叢書之五。但校對之際，終覺其間對一說與倒一說，總須酌予一分，而分成兩部，此即：

（一）將「論孟學庸」四本講義作一書，此即為鵝湖書叢書之六，名《四書大義》。

（二）再將《儒家思想與國際社會》，《論語復講》，《孟子新講》及《荀子講義》四本書，另成一書，此即為鵝湖書院叢書之五，名《儒家教化與國際社會》。

（三）

第二次世界大戰之後，李格氏（James Legge）所譯之英文四書，已更為西方人士所重視。即以香港一地而言，此英譯四書已無處無之。稍識英文者，幾皆知此書。至於在香港居住之英美人士，則更為人手一冊。近年來，英美德法人士，對一切生產事業之促進，想盡辦法，終無善法，反之，日本、韓國、中華民國，以至香港，新嘉坡等，曾深受儒家以前所謂「正德、利用、厚生」教化之澤者，其生產情形，竟大不相同。以日本而論，目前財富，已超過美國。此誠為西方始料之所不及。

國際大勢之所趨，總會是：「窮則變，變則通，通則久。」

人類歷史大勢之所趨，總會是：「齊一變至於魯，魯一變至於道。」於此，《論語》載：「子張問十世可知也？子曰：殷因於夏禮，所損益可知也。周因於殷禮，所損益可知也，其或繼周者，雖百世可知也。」要知百世之下，正是今日。當今之世，又果如何？總之，一切會是很快的！凡是不能對一說的，就倒一說罷。到頭來，凡是不必倒一說的，就再去對一說好了。

（四）

以前朱子盡畢生之力，集註四書，終成《四書集註》。其所定之四書次序是：《大學》、《中庸》、《論語》、《孟子》。一直到現在，連西人李格之翻譯四書，仍照此安排。但當王陽明之弟子問學庸二書如何時，陽明即言：「子思括《大學》一書之義為《中庸》首章」。此使陽明、朱子終不易合。至於朱陸，則陸象山乃直承孟子，而朱子《四書集註》中，實以孟子注解最差。此因彼此精神，其所著重之處，固不必力求其同。惟後學之人，總難免有多少遺憾。為此之故，我之此書，在《大學講義》中，對朱子陽明之所說，兩皆採用。此自大有人不以為然，惟亦只得聽之。至於朱子對孟子之註，我在《孟子新講》中，即不惜長言，加以論辨，亦不復顧及其他。至於四書次序，則亦將「學庸論孟」之排列，整個翻轉，而改爲「論孟學庸」。此有二義：一爲就一己寫作之時間與研究之步驟而定。我的寫作時間之先後日期，皆於每書前言中，一一註明。二爲就「論孟學庸」四書本身而定。朱子以大學爲首，乃本伊川所言，即大學爲初學入德之門。實則，大學一書，即使爲儒家思想教化之一大綱領，但亦不必置之於論語之前。而孟子亦不應置之於中庸之後，此實不必多所議論。

（五）

說到我一己新講、後講，以及國際講等等之所作，今分別編爲兩書，則自多方便之處。茲不復多說，特書此再作前言。

大中華民國七十六年八月七日程兆熊於華岡路

前言

當余正著手寫《大學講義》之際，余之長子，由臺中請來港探親，並欲醫治其多年不治之宿疾，而港方竟拒發入港證，致彼抱病奔波於臺中與臺北間，舉家爲之不安，余則更是難過，而對港方之拒絕人子入境，則誠百思不得其解。今日之世界，不論海角天涯，一切人爲之限制，竟是若是之甚，以視古昔之日，要來則來，要去即去，其所謂進步者，又果如何？因於思及人生之回頭轉腦外，更思及世界之回頭轉腦，亦正其時。是以寫《大學講義》之後，爲小兒事奔走三日，又立即動筆寫此《中庸講義》一書，時爲大中華民國四十九年三月五日。

年來在臺灣高山族所居二千公尺以上之高山絕頂，從事園藝資源調查，並從事蘋果熱帶栽植，雖歷盡艱險，越過太荒，然終覺十分自在。乃不料來港以後，不到兩月，反痛感憂患多端，受此許多磨折。憶初自臺灣高山族部落下至臺中臺北，又即到香港之際，會儘如從第一個世界，到第二個世界，再到第三個世界，又到第四個世界，亦即從原始到達現代。然及今思之，此從第一個世界到第四個世界，亦即從原始到現代，其所謂好處者，又果何如？此可令人長嘆，自亦正可令人深思矣。

人到無可奈何之日，終當有無可奈何之思。人當有無可奈何之思，終當有無可奈何之事。余之匆匆又寫此《中庸講義》，有知我者在，自亦終當認之爲無可奈何之事。人有憂患，會總是無可奈何。然人能於此無可奈何之中，而有其無可奈何之道，以念其無可奈何之日，思其無可奈何之思，事其無可奈何之事，則於磨折之來，便必不至磨折以盡，此則可以斷言。至此，且道所不至磨折以盡者，又果何物耶？此則惟有性情、心靈與生命而已。由此而歸於性情，歸於心靈，歸於生命，便必終歸於中庸，此則亦可以斷言矣。書成之時，爲大中華民國四十九年三月二十六日。計前後費時凡二十二日。此正如《大學講義》之成書，又是寫得太快。惟小兒之事，竟因之能覺淡然，蓋亦有所得焉。

CONTENTS

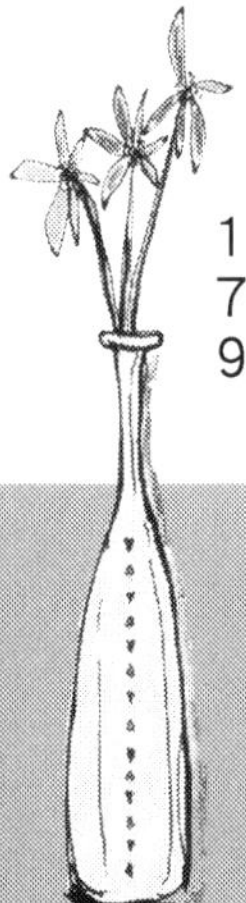

第一講　天命之謂性

天命之謂性，率性之謂道，修道之謂教。道也者，不可須臾離也；可離，非道也。是故君子戒慎乎其所不睹，恐懼乎其所不聞。莫見乎隱，莫顯乎微，故君子慎其獨也。喜怒哀樂之未發，謂之中。發而皆中節，謂之和。中也者，天下之大本也。和也者，天下之達道也。致中和，天地位焉，萬物育焉。

在此，天命之謂性，而性即爲性天之性；率性之謂道，而道即爲性情之道；修道之謂教，而教即爲修此性情之道的性情之教。性情之道，是不可須臾離的，如可離，即不是性情之道。這原因至爲簡單，此即人皆有性情，若一失其性情，即失其心靈，即失其生命，即失其一切。是故君子戒愼乎其所不睹之心靈，恐懼乎其所不聞之生命。在性情之際，至隱而又至見，故曰「莫見乎隱」。在性情之際，至微而又至顯，故曰「莫顯乎微」。因此之故，君子必愼其獨具之性情。「喜怒哀樂之未發」，謂之中，那是性情之中。發而皆中節，謂之和，那是性情之和。性情之中，即內心之均衡；內心之均衡，即心靈之凸顯。而天下之大本，則在乎心靈之凸顯。性情之和，即生命之諧和；生命之諧和，即生命之暢遂。而天下之達道，則在乎生命之暢遂。此所以是：

「中也者，天下之大本也；和也者，天下之達道也。」

而一能致此性情之中，便即「成性存存」，而成天成地，此所以是：

「天地位焉。」

而一能致此性情之和，便即「雷雨之動滿盈」，而生天生地，此所以是：

「萬物育焉。」

天地位焉，則「道併行而不相悖」。萬物育焉，則「萬物併育而不相害」。「不悖」，是不悖於性情之中。「不相害」，是不相害於性情之和。故一能致其性情之中和，則即天地無不位，萬物無不育。那只是「乾道變化，各正性命」。

只因「乾道變化，各正性命」，所以就必然是「維天之命，於穆不已」。而一有天命之「於穆不已」，便又必然會有其人性之「純亦不已」。

就天而言，那只是一「自然的超越」，那會是絕對的諧和，絕對的統一，絕對的完整，絕對的均衡，絕對的透明，絕對的悲寂，絕對的剛健，絕對的善。因而是至善，是至正，是大和，是太乙，是大全，是大中，是大明，是大悲，是大剛，是太極，是主宰。

就人而言，就其承接於天者而言，則亦儘有其「本能的超越」，儘有其「生之謂性」的超越，儘有其衝突裏的諧和，複雜裏的統一，破裂裏的完整，搖擺裏的均衡，實質裏的透明，內心裏的悲寂，生命的剛健，惻然的善。因而有其性情之善，性情之正，性情之和，性情之一，性情之全，性情之中，性情之明，性情之悲，性情之剛，性情之極和性情作主。

而此所謂「就其承接於天者」，便即是承接於天之命，承接於一絕對者之命。承接於一絕對的性天之命。此所以說「天命之謂性」，而性即爲性天之性。凡是相對的，終須歸於絕對的。而絕對的亦必主宰相對的，而爲其主體，並爲其道德的心的根源，即爲其先天的安立處，由此而形成一絕大的通路，即順此性天之性而來的通路，此所以是「率性之謂道」，而道即爲性情之道。凡是一絕大的通路，便即是一絕對的進路。凡是一絕對的進路，會都是一絕好的順路。故率性之道，乃一順道。順此道而修之，以去除其一切由相對而來的本能的惡，與生俱至的罪，衝突裏的不安，複雜裏的矛盾，破裂裏的不全，搖擺裏的不正，實質裏的無明，內心裏的不一，生命的軟弱，悍然的不善，而免於性情之乖，性情之邪，性情之戾，性情之雜，性情之裂，性情之偏，性情之昏，性情之賊，性情之枯，性情之災和性情梏亡，這就是人世間所應有的一絕大的教化。此所以說：「修道之謂教」，而教即是修路，即順道上之清理。而所謂「清理」，則又只是一切予以簡化，予以純化而已。

由簡化而「於穆不已」，這便是戒慎乎其所不睹。

由純化而「純亦不已」，這便是恐懼乎其所不聞。

惟如此一來，則「戒慎乎其所不睹」，正所以洞見乎此「天命之謂性」於隱隱之中，此所以是「莫見乎隱」。

惟如此一來，則「恐懼乎其所不聞」，亦正所以大顯乎此「天命之謂性」於微危之際，此所以是「莫顯乎微」。

有天命之謂性，便即有其清明之在躬；有清明之在躬，便即有其獨知之境地。而此所謂獨知之境地，便即爲其所承接於天之境地，亦即爲其所賴以「安則爲之」之境地。這只是孤明，這只是獨體，故所謂「君子必愼其獨」，是必愼其獨具之性情，亦正是必愼其孤明，亦正是必愼其獨體。

喜怒哀樂，這是全部的人生。而全部的人生，則又象徵著整個的宇宙。於此，喜怒一陰陽，陰陽一太極，而「哀樂相生，是故正明目而視之，不可得而見也，傾耳而聽之，不可得而聞也」，那亦正是天地之運行，那亦正是乾坤之造化。說「喜怒哀樂之未發，謂之中」，那是性情之中，那亦是孤明之中，那亦正是獨體之中。說「發而皆中節，謂之和」，那是性情之和，那亦正是孤明之和，那亦正是獨體之和。而致中和，則正是致此孤明於大明，致此獨體於天體，如此，由大明之中，便「天地位焉」。如此，本天體之和，便「萬物育焉」。

朱子註「天命之謂性，率性之謂道；修道之謂教」稱：

「命，猶令也。性，即理也。天以陰陽五行，化生萬物，氣以成形，而理亦賦焉，猶命令也。於是人物之生，因各得其所賦之理，以為健順五常之德，所謂性也。率，循也。道，猶路也，人物各循其性之自然，則其日用事物之間，莫不各有當行之路，是則所謂道也。修，品節之也，性道雖同，而氣稟或異，故不能無過不及之差。聖人因人物之所當行者，而品節之，以為法於天下，則謂之教。若禮樂刑政之屬也。蓋人知己之有性，而不知其出於天；知事之有道，而不知其由於性；知聖人之有教，而不知其因吾之所固有者裁之也。故子思於此，首發明之。而董子所謂道之大原，出於天，亦此意也。」

按朱子於此之所註，雖說是「性即理也」，但又說：「人物之生，因各得其所賦之理，以為健順五常之德，所謂性也。」這會是理大而性小，從而心亦小。實則普遍之理，即無私之心；無私之心，即至善之性；至善之性，即超越之天。此所以性為天性，心為天心，理為天理，而天又復為性天。由此，性天之道，又即為形上之道。性道既同，故即「人物各循其性之自然，則其日用事物之間，莫不有當行之路」。於此，性天之道，又即為性情之道；而天道亦即同於人道。人文教化，遂因之而來，而人道之尊，亦因之而得。孟子斥告子之「生之謂性」，並直從人之四端，以言人性之善，那是全從人道上說法。惟其「知其性，則知天矣」之語，則又是同人道於天道。

告子從自然生命上說性，此所謂性，實無異於普通心理學上所說之本能，故孟子斥之為不知性。孟子於此即就人之所承接於天處，亦即同人道於天道處而言性。其就人之四端，以發性善之理，亦正是從天人之際，以言性情，此則必須有其「本能之超越」，故亦必斥告子之說。而朱子於此，則實有所不同於孟子之直從性情以言性善，此所以會是理大而性小，從而心亦小。此在孟子則直言「盡其心者，知其性也」，這亦正是直從性情上說。

直從性情上說性善，可以落到天命之謂性。而直從「天命之謂性」上說，則可以落到性情，亦可以不落到性情。而一不落到性情，則凸顯其理者，便理大而性小，從而心亦小。不扣緊天理者，便又每每昧於心體之為至善，性體之為至善。兩者雖俱特富於超越精神，但終只是天道之不濟於人道。而順「天命之謂性」之一路下來，則終於是同天道於人道。

朱註「道也者，不可須臾離也，可離非道也。是故君子戒慎乎其所不睹，恐懼乎其所不聞」處稱：

「道者，日用事物當行之理，皆性之德，而具於心，無物不有，無時不然。所以不可須臾離也。若其可離，則豈率性之謂哉？是以君子之心，常存敬畏，雖不見聞，亦不敢忽。所以存天理之本然，而不使離於須臾之頃也。」

按：道只是率性，率性只是從天。而一從於天；即一本於天；一本於天，即一歸於天；一歸於天，即不可須臾離其天；不可須臾離其天，即不可須臾離其道。故曰「若其可離，則豈率性之謂哉」？於此，道是天道，性是性情。而由天道落到性情，這即扣緊了天理；由性情接上天道，這即具備了天心。彼「君子之心，常存敬畏，雖不見聞，亦不敢忽」，那正是具備了天心。而其「所以存天理之本然，而不使離於須臾之頃」，則正是扣緊了天理。

朱子註「莫見乎隱，莫顯乎微，故君子慎其獨也」之處，有語稱：

「隱，暗處也。微，細事也。獨者，人所不知，而己所獨知之地也。言幽暗之中，細微之事，跡雖未形，而幾則已動；人雖不知，而己獨知之；則是天下之事無著見明顯而過於此者。是以君子既常戒懼，而於此尤加謹焉。所以遏人欲於將萌，而不使其潛滋暗長於隱微之中，以至離道之遠也。」

按：從相對處言，隱對見是隱，微對顯是微。故可以說：「隱，暗處也。微，細事也。」然從絕對處說，則至隱即是至見，至微即是至顯。以言「君子慎其獨」，則此獨，即爲絕對之地，亦即所謂「人所不知而己所獨知之地」，故終須從絕對處說。一從絕對處說，這即有其超越，這即有其天機，由此而扣緊著天理，具足著天心，則君子愼其獨，便即成就了天性，而合乎道，自不至於「離道之遠」。

朱子註「喜怒哀樂之未發，謂之中，發而皆中節，謂之和，中也者，天下之大本也。和也者，天下之達道也」之處，其言爲：

「喜怒哀樂，情也。其未發，則性也。無所偏倚，故謂之中。發皆中節，情之正也。無所乖戾，故謂之和。大本者，天命之性；天下之理，皆由此出，道之體也。達道者，循性之謂，天下古今之所共由，道之用也。此言性情之德，以明道不可離之意。」

按：喜樂哀樂之未發，是性亦分明是情。發而皆中節，是情亦分明是性。故中只是性情之中，和亦只是性情之和。性情之中，爲天下之大本，這亦正是天道，故「天下之理，皆由出此」。性情之和，爲天下之達道；而後此所言之「君臣也，父子也，夫婦也，昆弟也，朋友之交也，五者，天下之達道也」，亦同爲此達道。這亦無非是人道，故爲「天下古今之所共由」。同天道於人道，這便是「中」正在「和」之中，而性歸於情。同人道於天道，這便是「和」亦正在「中」之內，而情歸於性。由此而見性情之體，便即爲道之體。由此而見性情之用，便即爲道之用。由此而見性情之德，便即爲道之不可離。道不可離而爲二，性情亦不可離而爲二。

朱子註「致中和，天地位焉，萬物育焉」云：

「致，推而極之也。位者，安其所也。育者，遂其生也。自戒懼而約之，以至於至靜之中，無少偏倚，而其守不失，則極其中，而天地位矣。自謹獨而精之，以至於應物之處，無少差謬，而無適不然，則極其和，而萬物育矣。蓋天地萬物，本吾一體，吾之心正，則天地之心，亦正矣。吾之氣順，則天地之氣，亦順矣。故其效驗，至於如此。此學問之極功，聖人之能事，初非有待於外，而修道之教，亦在其中矣。是其一體一用，雖有動靜之殊，然必其體立，而後用有以行，則其實亦非有兩事也。故於此合而言之，以結上文之意。」

按：「自戒懼而約之」，會只是一個人的內心的簡單化。「自謹獨而精之」，會只是一個人的內心的純一化。由不斷的簡單化，到其極處，到其一點，這便是中。如此，一便決定了一切，而一切亦即在一之中，這便是天地位於中。由不斷的純一化，到達其一大秩序之建立，到達其一大諧和之形成，這便是和。如此，一切又決定了一，而一亦復在一切之內。這便是萬物育於和。

所謂「吾心之正」，會就是吾此「內心之簡單化」（Simplification of mind）到一點，到一中點。而「人者天地之心也」，則吾此內心之到一中點，便亦即是天地之心，到一中點。故曰「天地之心亦正矣」。此因到了中點，就是正。

所謂「吾之氣順」，會就是吾此「內心之純一化」（Purification of mind）到無雜，到無二向。而「其爲氣也，至大至剛，以直養而無害，則塞乎天地之間」。這便使吾之此氣，到無二向，因之，天地之氣，亦復到無二向。故曰「天地之氣亦順矣」。此因到無二向，就是順。

由「吾心之正」，到「天地之心亦正」，這是一大心靈的全般滲透。

由「吾之氣順」，到「天地之氣亦順」，這是一大生命的一直流注。

而此一大心靈之全般滲透，與夫此一大生命之一直流注，則又正是一大性情之整個表達。由此以言「天地萬物，本吾一體」，方是本爲吾之實體。

學問之極功，總在能使一切相對的，能歸於一絕對的。這即是全歸於一，全歸於純。因此之故，聖人之能事，亦只是歸於性情。而所謂歸於性情，自亦是歸於性情之一，歸於性情之純。

歸於性情之一，即歸於性情之中。歸於性情之純，即歸於性情之和。這可以從相對說到絕對，所以是澈上的。這亦可以從絕對說到相對，所以是澈下的。

性情之中與夫性情之和，澈上而爲天道，必然會有其一個最基本的肯定，這便是「天地之大德曰生」。由此而生生化化，方可歸於無限，歸於永恆。

性情之中與夫性情之和，澈下而爲人道，亦必然應有其一個最根本的肯定，這便是人性之善。由此而人文化成，方可歸於久大，歸於不朽。

人性之善，可以從人之四端（惻隱，是非，羞惡，辭讓）說上去，亦正可以從天命之謂性說下來。凡此，會都是有如朱子之所言：

「初非有待於外。」

而「天地之大德曰生」，亦無不可從人之四端說上去；又無不可從天命之謂性說下來。凡此，亦都會是一如朱子之所言：

「初非有待於外。」

非有待於外，即不是有待於所謂「本能」。由此而有其「本能」的超越，則正所以見「天地之大德曰生」，即正所以見人性之善。

非有待於外，即不是有待於所謂「自然」。由此而有其「自然」之超越，則正所以見人性之善，即正所以見「天地之大德曰生」。

順「天命之謂性」而下，以說到人性之善，這便是「率性之謂道，修道之謂教」。

順「天命之謂性」而下，以說到「天地之大德曰生」，這便是「致中和，天地位焉，萬物育焉」。

所謂「天地之大德曰生」之生，會就是位，會就是有。朱子稱：

「位者，安其所也。育者，遂其生也。」

此則惟遂其生，始能生生；惟安其所，始能化化。惟生生化化，方爲大德。由天地之德，到人性之善，既皆非有待於外，這便自然會如朱子所言：

「修道之教，亦在其中矣。」

有其簡單化，即有其純一化。有其絕對的均衡，即有其絕大的諧和。這便是有其致中的功夫與其中，即有其致和的本領與其和。於此中之與和，並非兩事，朱子稱之爲體用的關係，而只有「動靜之殊」。然於此，即體即用，即用即體，動靜之相，亦未始不可雙忘。而且一致，即一齊致。而所謂「致」，朱子則註爲「推而極之也」。既推而極之，自亦正是一致，即一齊致。故只說「致中和」。惟於此，性體之明與夫性體之立，自是在性情之教上，爲一首要之圖。此所以朱子復稱：

「然必其體立，而後用有以行，則其實亦非有兩事也。故於此合而言之。」

於此合「中和」而言之，即是合性情而言之。既合性情而言之，則性之與情，「其實亦非有兩事」。至其所以會有兩事，則只是因其有所未簡，則只是因其有所未純。此在朱子，則說是氣稟或異，故不能無過與不及之差。惟既合性情而一之，則又正如古禪師所云「還說什麼過與不過」了。於此，便只是簡，只是純，只是性情，從而又只是中和，又只是位育了。

朱子於章末附語稱：

「首明道之本原，出於天，而不可易；其實體備於己，而不可離。次言存養省察之要，終言聖神功化之極。蓋欲學者於此，反求諸身，而自得之，以去夫外誘之私，而充其本然之善。楊氏所謂一篇之體要是也。」

要知從「天命之謂性」一直說下來，這便是從絕對處，一直說下來；這便是從絕對超越處，一直說下來；這亦即是從至善處，一直說下來。所謂：

「道之本原，出於天。」

那就是說：出於那絕對處，出於那絕對超越處，出於那至善處。而所謂絕對處，所謂絕對超越處，出於那至善處，則又只是那一氣之流行處，只是那一理之流行處，和只是那一善之流行處。

由絕對處，一直說下來，則即到達相對處。而相對處便亦即有其絕對處。這便是「其實體備於一己」。

由絕對超越處，一直說下來，則即到達一體平鋪處。而一體平鋪處，亦即有其絕對超越處。這便亦是「其實體備於一己」。

由至善處，一直說下來，則即到達一有善有惡處。而有善有惡處，亦即有其至善處。這自然仍是「其實體備於一己」。

說無善無惡時，若有其向上一機，這便是至善。若失其向上一機，這便是至惡。於此，由天說到人，便絕不能停頓在有善有惡處。因此，亦絕不能停頓在一體平鋪處。因此，亦絕不能停頓在相對處的。

由相對處，反而至於絕對處，由一體平鋪處，反而至於絕對超越處，由有善有惡處，反而至於至善處，亦即反而至於「有其向上一機」之無善無惡處，這便是「反者道之動」，這便是「復其見天地之心」，這便是「回頭是父」，這便是禪師家所說的「只是這個回頭轉腦」，這亦正是儒者所說的「逆之則成聖成賢」。就在這裏，方用得著所謂功夫；亦就在這裏，方見得出所謂本領。這功夫就是「存養省察」，這本領就是「聖神功化」。而存養省察，則又只是內心的簡單化；而聖神功化，則又只是內心的純一化。於此「反求諸身，而自得之」，便是將此一身，而自度之。到此便即是所謂「竿頭絲線憑君弄，不犯清波意自殊」。外誘之私，不去自去。本然之善，不充自充。故順天命之謂性下來，落到性情上，便自然會人是性情中人，物是性情中物，人間是性情中的人間，宇宙是性情中的宇宙。而由此性情之道，以落到性情之教，便自然會是人文化成，便自然是天地位，便自然會是萬物育。到此之際，功夫是簡單化的功夫，亦正是喜怒哀樂上的功夫，亦正是性情上的功夫。到此之際，本領是純一化的本領，亦正是一喜一怒一哀一樂上的本領，亦正是一性一情上的本領。楊氏所謂一篇之體要，實即是性情之體要。而在這裏，致中和則是一個性情的開關，有如電鈕。只要一按，便即隨處是性情之光輝。有其性情之光輝，便即不致有「無明」的世界。

第二講　擇乎中庸

（一）

仲尼曰：「君子中庸，小人反中庸。君子之中庸也，君子而時中。小人之中庸也，小人而無忌憚也。」

有其內心之簡單化，便有其內心之純一。有其內心之純一，便有其內心之均衡。有其內心之均衡，便有其內心的不易。有其內心之不易，便有其內心之恆常，以至內心之永恆。而當其能以永恆為用時，這便自然會是一個人的完成，亦自然會是一個人的不朽，或是一個人的永生。這亦正是由相對歸於絕對；由一體平鋪，歸於絕對超越；由有善有惡，歸於至善。而中庸於此，即又無非是一大簡單化之相，一大純一之相，一大均衡之相，一大不易之相，一大恆常之相，或永恆之相。由此以到達完成之地，到達不朽之域，到達永生之境，便又即爲一絕對，即爲一絕對超越，並即爲一至善之本身。是故由天命之謂性下來，落到性情之教上，便是致中和。而落到致中和之一大道德的實踐上，便是中庸。此所以爲：

「君子中庸。」

小人不從事於此一大道德之實踐，並一反其道而行，遂致失其性情之貞。此所以爲：

「小人反中庸。」

朱子於此註稱：

「中庸者，不偏不倚，無過不及，而平常之理，乃天命所當然，精微之極致也。唯君子爲能體之，小人反是。」

於此，不偏不倚，即純一而均衡。平常之理，自不易而恆常。從「天命之謂性」下來，從絕對處下來，從絕對超越處下來，從至善本身下來，會自然是「天命之所當然，精微之極致」。君子由此體之，即由此以從事其一大道德的實踐。故君子中庸，即所以求其一己之完成，求其一己之不朽，求其一己之永生。而「小人反是」，此所以小人之終於破裂，終於自毀，終於消亡。

朱子釋中庸二字於中庸一書之首，稱：

「中者，不偏不倚，無過不及之名。庸，平常也。」

惟中庸一書之首，朱子復引程子之言曰：

「不偏之謂中，不易之謂庸。中者，天下之正道。庸者，天下之定理。」

一個人在道德的實踐上，總須成其性情之貞，總須成其性情之常。有其性情之貞，方有其好惡之正。有其性情之常，方能有其好惡之公。而所謂「不偏不倚，無過不及」，則正所以說明其好惡之正，來自性情之貞，由此以形成天下不偏之正道，故謂之中。而所謂「平」，所謂「常」，則亦正所以說明其好惡之公，來自性情之常，由此以形成天下不易之定理，故謂之庸。本此而論，則中庸二字，實無異爲一大道德的實踐之總名。

必須時時從事於此一大道德的實踐，並知在此一大道德實踐上，會儘有其無窮無盡的一個無限過程，而不容有一息之或懈，不容有片刻之或斷。同時，在此等處，又只不過是情不容已，性不容已，而必然是時時如此，以實踐之。這便是「君子之中庸」。這亦只是從「天命之謂性」一直下來，而自有其警惕，故情不容已；這亦只是從「天命之謂性」一直下來，而自有其收斂，故性不容已。而在此性情之不容已處，便即無時無刻不有其道德實踐上之不容已。此所以是：

「君子而時中。」

小人不從事於此一大道德之實踐，並反此道德之實踐，而失其向上一機。因此之故，亦即不復從「天命之謂性」一直下來，遂安於「自然」，不能有其「自然之超越」；任其「本能」，不能有其「本能之超越」；而由其所謂之「無善無惡」，更墮落而為禽獸，降落而為撒旦。其所謂情，只是自然生命之欲情，那是全無警惕之情不由中。其所謂性，只是自然生命之物性，那是全未收束之性失其常。由此而性情梏亡，便即同人道於犬馬，並認賊作父，以成其撒旦之教。這便是小人之中庸。這只是不知從「天命之謂性」一直下來；這只是不知由相對歸於絕對，由一體平鋪，歸於絕對超越；由無善無惡，歸於至善本身。因此之故，便只成其繁，而不復能簡；只成其雜，而不復能純；只成其多，而不復能一；只成其偏，而不復能全；只成其邪，而不復能正；只成其私，而不復能公；只成其惡，而不復能善；只成其亂，而不復能寧。既不復能寧，便只是放肆，只是求刺激，只是顛倒，只是瘋狂。此所以是：

「小人而無忌憚。」

朱子於此註稱：

「君子之所以為中庸者，以其有君子之德，而又能隨時以處中也。小人之所以反中庸者，以其有小人之心，而又無所忌憚也。蓋中無定體，隨時而在，是乃平常之理也。君子知其在我，故能戒慎不睹，恐懼不聞，而無時不中。小人不知有此，則肆欲妄行，而無所忌憚矣。」

在這裏，所謂「君子之德」，是自「天命之謂性」一直下來之性情之德。有此性情之德，便即能隨時以處於性情之中，而爲性情中人。

在這裏，所謂「小人之心」，是一未能超越自然，隨其本能而動，一體平鋪，而自以爲無善無惡之心。此則絕無其向上一機，故必梏亡其性情，而至於無所忌憚，以自陷於至惡。

君子之所以爲中庸，乃君子之所以止至善。小人之所以反中庸，則正小人之所以爲小。

中無定體，簡單化到一點，純一化到極點，就是定體。此一定體，乃一恆常之體，故「隨時而在」。此一定體，乃當下即是之體，故爲「平常之理」。以此理存心，故確然「知其在我」。從而「大有事在」，故「戒慎恐懼」。由此而不斷的簡單化，不斷的純一化，並無時不實踐之，便是「無時不中」。

小人不知「天命之謂性」，而以物性爲性，以欲情爲情，故「肆欲妄行」。此則既乖其性情，而復自以爲是本其性情，終至梏亡其性情，而爲塊然之一物，說不上心靈，說不上生命，故只是「無所忌憚」。

（二）

子曰：「中庸其至矣乎？民鮮能久矣。」

由「天命之謂性」而有的性情之教，由性情之教而有的致中和，又由致中和而有的一大道德的實踐，及由此一大道德的實踐而有的中庸之德，會自然是至德，會自然是至善，會自然有其一個無限的過程，會自然有其一個永恆的著落。此所以說。

「中庸其至矣乎？」

只是中庸之德，當下就是永恆，眼前就是無限；才一簡單化，就是不繁；才一純一化，就是不雜。不繁即有其中，中即為至德。不雜即有其和，和即為至善。此正為性之所本具，此正為情之所本有。只不失其性情，便即不失其中庸。惟中庸之德，終在性情之常。性情之貞，固人之所尚，而性情之常，則人之所難。常則能久，若能久於其中庸之德，這便是聖人。天地之常，是天地能久於其中庸之大德。聖人之常，亦正是聖人能久於其中庸之大德。而一般人即難以語「常」，故亦難以語諸「久於其中庸之大德」，此所以說：

「民鮮能久矣。」

此在朱子之註，則爲：

「過則失中，不及則未至。故惟中庸之德，爲至。然亦人之所同得，初無難事。但世教衰，民不興行，故鮮能之，今已久矣。」

中庸之德，是性情之中，是性情之常；亦正是性情之發，性情之用。纔用其中，便不過。纔用其常，便不會不及。從而纔發，便即至。人皆同具此性情之德，故莫不獲其性情之功，獲其性情之用，此所以是：

「亦人所同得，初無難事。」

惟性情之教衰，則性情中事少。於是人多非性情中人，世界亦難乎爲性情中的世界。而在難乎爲性情中之世界裏，自亦難乎久於其性情之德，亦即難乎久於其中庸之德。故說：「故鮮能之。」此性情之教，衰落已久。因之中庸之德，亦復鮮能之已久，故曰：「今已久矣。」

在《論語》中，有「中庸其至矣乎，民鮮久矣」。此則，無此「能」字。由「致中和」之一大道德的實踐上而有其中庸，固人皆能之。因此問題之所在，只是在一「久」字之上。

朱註引游氏之言曰：

「以性情言之，則曰中和。以德行言之，則曰中庸。」

又朱註繼稱：

「中庸之『中』，實兼中和之義。」

此爲解釋《中庸》一書首章言中和，隨後即改言中庸之故。要之以性情之中及性情之和爲用，並以爲常，而視之平平，便即是中庸。惟中庸之德，乃以中爲體，此所以中庸之「中」，可以兼具中和之兩義。於此和爲「中」之和，中亦爲「中」之中，有絕對之均衡爲中，即有絕大的諧和爲和，而此絕大的諧和與此絕對之均衡，又都不過是一個中。而中庸之中，則正是這一個「中」。

（三）

子曰：「道之不行也，我知之矣：知者過之，愚者不及也。道之不明也，我知之矣：賢者過之，不肖者不及也。人莫不飲食也，鮮能知味也。」

道之中庸之道，亦正是性情之道。性情之道，所以不行，那是因爲失其中。性情之道，所以不明，那是因爲失其庸。失其中，即失其和；失其和，即失其序。於是知者過之，愚者不及。失其庸，即失其用；失其用，即失其常。於是賢者過之，不肖者不及。於此遂有道不行、不明之嘆。

一個人飲食而能知味，亦必須其飲食之不失其中，不失其和，不失其序；亦必須其飲食之不失其庸，不失其用，不失其常，這實在是很少的，因此也就很少知味，此所以說：

「人莫不飲食也，鮮能知味也。」

朱子於此章註稱：

「道者，天理之當然，中而已矣。知愚賢不肖之過不及，則生稟之異而失其中也。知者知之過，既以道爲不足行；愚者不及知，又不知所以行。此道之所以常不行也。賢者行之過，既以道爲不足知；不肖者不及行，又不求所以知。此道之所以常不明也。」

朱子又稱：

「道不可離，人自不察，是以有過不及之弊。」

這亦可以說；道是天心的絕對均衡，道是道心的絕對自在。而有天理之當理，便自在其中。

入道之門，可以由知，亦可以由行。由知而入，那是一認識的途徑，這便須知周萬物。由行而入，那是一實踐的途徑，這便須德備一心。於此而有過有不及，便即有所不周，有所不備。知者過之，是不周；愚者不及，亦是不周。賢者過之，是不備；不肖者不及，亦是不備。而不周，即是道之不行；不備，即是道之不明。知常不周，所以道常不行。行常不備，所以道常不明。在這裏，可以由知到行，這即是由認識的途徑通到實踐之路。在這裏，亦可以由行到知，這即是由實踐的途徑通到認識的路。由前而言，那是道之行。由後而言，那是道之明。

道不可離，是道不可離於行，亦是道不可離於明。不離於行，則天心惻然。不離於明，則道心朗然。而中則只是惻然於中，朗然於中。能惻然於中，朗然於中，便自能察，而不致有過不及之弊。飲食之道，固亦是道。惟知道者方能眞知其味。亦惟眞知其味者，方能眞知其道。人纔飲食，便即「萬物皆備於我」，必於此反身而誠，方是樂莫大焉，味莫厚焉。牛以水草爲飲食，而給人以乳。人以萬物爲飲食，便反身以誠，從而還天以道。故惟眞能存誠者，方能有樂；惟眞能知道者，方能知味。飲食儘有飲食的精神意義，這便讓飲食的本身，亦成了道，成了味，只是人鮮知之。

（四）

子曰：「道其不行矣乎？」

入門之道，在知方面是一個無限的過程，在行方面更是一個無限的過程。易言之，那只是一個無窮無盡的認識，那更是一個無窮無盡的實踐。因此之故，道之終於「未濟」，便不得不是「道其不行矣乎」？

朱子於此註稱：

「由不明，故不行。」

由道之不明，故道不行，這是一個路數。但由道之不行，故道不明，這亦是一個路數。只不過由於道之不明，故道益不行而已。

（五）

子曰：「舜其大知也與？舜好問而好察邇言，隱惡而揚善，執其兩端，用其中於民，其斯以為舜乎？」

在這裏「好問而好察邇言」，是求道之明。「隱惡而揚善」，是求道之行。「執其兩端」，是求道之明。「用其中於民」，是求道之行。「舜其大知」，在道之明：「其斯以為舜」，在道之行。這是由知而入道，又由行而入道。這是認識的途徑和實踐的途徑，「兩條路，一起走」。

朱子註云：

「舜之所以為大知者，以其不自用而取諸人也。邇言者，淺近之言；猶必察焉，其無遺善可知。然於其言之未善者則隱而不宣，其善者則播而不匿，其廣大光明又如此。則人孰不樂告以善哉？兩端，謂眾論不同之極致。蓋凡物皆有兩端，如大小厚薄之類。於善之中又執其兩端，而量度以取中，然後用之，則其擇之審而行之至矣。然非在我之權度精切不差，何以與此？此知之所以無過不及，而道之所以行也。」

由朱子之言，則舜之所以爲大知，那是由知到行。「不自用」是知，「取諸人」是行。而「淺近之言，猶必察之」，則又是不自用其知，此所以爲大知。廣大光明，使人樂告以善，則更是取諸人以爲善，此所以爲大行。然由此而「擇之審而行之至」，則仍是兩條路一起走，其由知而行之知，亦正由行而得。惟其知由行而得，所以「權度精切不差」，而無過不及，故道能行。

（六）

子曰：「人皆曰『予知』。驅而納諸罟擭陷阱之中，而莫之知辟也。人皆曰『予知』。擇乎中庸，而不能期月守也。」

由認識之知，到由行而得之知，即由實踐而得之知，這是知的一大躍進。必須有此一大知的躍進，方是認識心的突破，而有其道心之明。人若無明，而只是曰「予知」，這便自然會：

「驅而納諸罟擭陷阱之中，而莫之知辟也。」

又人若無明，便即爲性情之暗；性情之暗，即爲性情之乖。而性情一乖，便即不復能有其性情之正，因亦不復有其性情之中。又性情一乖，便即不復能有其性情之常，因亦不復能有其性情之庸。故儘管說「予知」，而實是：

「擇乎中庸，而不能期月守也。」

朱註云：

「罟，網也。擭，機檻也。陷阱，坑坎也。皆所以掩取禽獸者也。擇乎中庸，辨別眾理，以求所謂中庸，即上章好問用中之事也。期月，匝一月也。言知禍而不知避，以況能擇而不能守，皆不得爲知也。」

在這裏，「能擇而不能守」，便即不是其「知之一大躍進」。必須有此知之一大躍進，方不是「知及之，仁不能守之」。而所謂「仁能守之」，則只是歸於性情，納諸性情，如此便只是自家的東西；停停當當，平平常常。於此，停停當當，會即是中；平平常常，會即是庸。若能如此以擇乎中庸，便自不患「不能期月守」了。

（七）

子曰：「回之為人也，擇乎中庸。得一善，則拳拳服膺，而弗失之矣。」

這是有了知的一大躍進後，又繼以行，又繼以不斷的道德的實踐。此所以是：

「弗失之矣。」

如此擇乎中庸，便即實有了中庸。到此便一切歸諸性情，一切納諸性情，又一切見諸性情，一切顯諸性情。發而爲和風，發而爲慶雲，這便是「回之爲人」。

朱子註云：

「回，孔子弟子顏淵名。拳拳，奉持之貌。服，猶著也。膺，胸也。奉持而著之心胸之間，言能守也。顏子蓋眞知之，故能擇能守如此。此行之所以無過不及，而道之所以明也。」

於此，「奉持而著之心胸之間」，便顯現而發之宇宙之內，由「中和」而爲和風，由「庸常」而爲慶雲，無所謂過，亦無所謂不及，只是暢然，只是藹然。其明明在中者，亦正是明明在上。

（八）

子曰：「天下國家可均也，爵祿可辭也，白刃可蹈也，中庸不可能也。」

到此，便是道不可見，道不可聞，道不可知，道不可言，道不可即。但又道不可離。而「望道而未之見」，又分明是實見；「朝聞道，夕死可矣」，又分明是實聞；「知我者，其天乎」，又分明是實知；「天何言哉，四時行焉，百物生焉，天何言哉」，又分明是實言實語。

道是絕對的。不是絕對的，就不是道。

由此而論，歸於性情，納諸性情，亦正是歸於絕對，納諸絕對。而擇乎中庸，亦正是擇乎絕對。此中庸之所以不可能，但亦正是中庸之所以無不可能。其不可能，是不可能到達絕對之境地；其無不可能，是無不可能加以實踐之功夫。而當永續不斷的加以實踐之際，這功夫亦即成了絕對。由此便是功夫即本體，擇乎中庸，即是中庸。中庸不可能，但擇乎中庸，則人人能之。惟患不能守之而已。

惟其擇乎中庸，人人能之，所以天下國家，即無不可均之。惟其擇乎中庸，人人能之，所以爵祿，即無不可辭之。惟其擇乎中庸，人人能之，所以白刃，即無不可蹈之。此乃因擇乎中庸，就是知；知即所以均天下國家而有餘。擇乎中庸，就是仁；仁即所以辭爵祿而不惜。擇乎中庸，就是勇；勇即所以蹈白刃而不顧。若中庸之本身，則整個是仁，整個是智，整個是勇。那是知仁勇之全，而又是絕對的知仁勇之實。此所以是不可能。

朱子註稱：

「均，平治也。三者亦知仁勇之事，天下之至難也。然皆倚於一偏，故賢之近而力能勉者，皆足以能之。若中庸，雖若易然，然非義精仁熟，而無一毫人欲之私者，不能及也。三者難而易，中庸易而難，此民之所以鮮能也。」

朱子所謂鮮能，於所謂「不可能」處，自有距離。凡此都只是言中庸之事。中庸之事，自是易而難。易是擇乎中庸之易，而難是守之之難。如能守之，則對均天下國家，辭爵祿及蹈白刃，自是似難實易。故曰：

「賢之近而力能勉者，皆足以能之。」

其所謂「倚於一偏」，當只是屬於一事。而中庸之事，則只是事，只是「必有事焉」，只是「大有事在」，那是事事，那是事之全，那不是屬於一事。此所以是：

「非義精仁熟，而無一毫人欲之私者，不能及也。」

惟義精仁熟，毫無人欲之私，仍只是擇乎中庸而守之，而不必即爲中庸。中庸不可離，但終不可見，不可聞，不可知，不可言，不可即，所以是不可能。

（九）

子路問強。子曰：「南方之強與？北方之強與？抑而強與？寬柔以教，不報無道，南方之強也。君子居之。衽金革，死而不厭，北方之強也。而強者居之。故君子和而不流，強哉矯。中立而不倚，強哉矯。國有道，不變塞焉，強哉矯。國無道，至死不變，強哉矯。」

眞有其性情的強度，才眞有其心靈的強度。眞有其心靈的強度，才眞有其精神的強度。眞有其精神的強度，才眞有其生命的強度。

因此之故，從天命之謂性而來的性情之教的力量，從性情之教而來的致中和的力量，及從致中和而來的中庸之一股力量，實在是其大無比、其強無比的。所謂「寬柔以教，不報無道，南方之強也」，會就是這一股力量。而所謂「衽金革，死而不厭，北方之強也」，則只是因一股原始生命之力而有的一種原始生命的強度。

君子本其眞正的性情的強度，故自然「和而不流」。

君子本其眞正的心靈的強度，故自然「中立而不倚」。

君子本其眞正的精神的強度，故自然「國有道，不變塞焉」。

君子本其眞正的生命的強度，故自然「國無道，至死不變」。

於此朱註云：

「寬柔以教，謂含容巽順以誨人之不及也。不報無道，謂橫逆之來，直受之而不報也。南方風氣柔弱，故以含忍之力勝人爲強，君子之道也。」

此所謂「含忍之力」，正所以見出眞正的性情的強度，從而儘可有其眞正屬於心靈與精神上的生命的強度。

朱註又云：

「衽，席也。金，戈兵之屬。革，甲冑之屬。北方風氣剛勁，故以果敢之力勝人爲強。強者之事也。」

此所謂「果敢之力」，自然不是道義上的果敢之力。那只是絕未「配道與義」的一股氣的力量。所以只不過是一種屬於原始生命上的生命強度。

朱註繼稱強哉矯等之義爲：

「此四者，汝之所當強也，矯，強貌。《詩》曰『矯矯虎臣』是也。倚，偏著也。塞，未達也。國有道，不變未達之所守；國無道，不變平生之所守也。此則所謂中庸之不可能者，非有以自勝其人欲之私，不能擇而守也。君子之強，孰大於是？夫子以是告子路者，所以抑其血氣之剛，而進之以德義之勇也。」

此所謂血氣之剛，自不是「無欲則剛」之剛。而不是「無欲則剛」之剛，便只是順其原始的一股氣之剛，即絕未通過一種理性之剛。由此可以順其欲，亦可以大其欲，終必至於痲木以求刺激，僵化以求突破，涸閉以求橫決而後已。此所以須抑而進之以「德義之勇」。

而所謂德義之勇，亦即是「配道與義」之氣，這是讓生命通過理性，見其心靈，見其精神，而歸諸性情，而使性情之發，成爲生命之力。惟此生命之力，終難直達中庸之境，此則所謂中庸不可能者，必擇而守之，使道成肉身而後可。

（十）

子曰：「素隱行怪，後世有述焉，吾弗為之矣。君子遵道而行，半途而廢，吾弗能已矣。君子依乎中庸，遯世不見知而不悔，唯聖者能之。」

「素隱行怪」，自不是中。於此，不是中，只是不正。遵道而行，半塗而廢，自不是庸。於此，不是庸，只是無常。而能「居敬而行簡」，便自歸於性情之正，歸於性情之中。素隱行怪，即弗爲之。而能「恆其德」，以「純亦不已」，便自有其性情之常，有其性情之庸。半塗而廢，即弗能已。

擇乎中庸，即有其中庸。依乎中庸，即安於中庸。能安於中庸，即全是性情。性情之道，本不在知；而性情之教，則本自不悔。其所謂遯世，仍儘是在性情之中，居性情之正，有性情之常，得性情之用。如此一來，自只有「聖者能之」。蓋此乃性情之至，故亦爲中庸之至。

朱註稱「素隱行怪」條云：

「素，按漢書當作索，蓋字之誤也。索隱行怪，言深求隱僻之理，而過爲詭異之行也。然以其足以欺世而盜名，故後世或有稱述之者。此知之過，而不擇乎善，行之過，而不用其中，不當強而強之者，聖人豈爲之哉？」

於此「深求隱僻之理，而過爲詭異之行」，亦儘有其所謂「浪漫諦克」的精神，此在盛世，原自可容；惟在衰世，便終將流而爲一種只具備其反面的意義與只具備其反面的價値之精神，而欲撥亂反正，則終須有其古典的精神與建構之精神，以作其時代之精神而後可。惟「擇乎善」，始可久；惟「用其中」始可大。惟可久可大，始能強。

朱註「君子遵道而行」條云：

「遵道而行，則能擇乎善矣。半塗而廢，則力之不足也。此其知雖足以及之，而行有不逮，當強而不強者也。已，止也。聖人於此，非勉焉而不敢廢，蓋至誠無息，自有所不能止也。」

於此「遵道而行」，亦正是一種古典的精神。有此一種古典的精神，便即能「擇乎善」，而「清明在躬」。「半塗而廢」，便不是一種建構的精神。無此一種建構的精神，即難言「用其中」，而「貞固不移」。這會是由於力不足，但亦儘會是由於性情夠不上。性情夠不上，便「行有不逮，當強而不強」。聖人只是性情作主，故自然不勉而中，無非是善，無非是誠，無非是貞，無非是常，又何能止？

朱註「君子依乎中庸」條云：

「不爲索隱行怪，則依乎中庸而已。不能半塗而廢，是以遯世不見知而不悔也。此中庸之成德，知之盡，仁之至，不賴勇而裕如者，正吾夫子之事，而猶不自居也。故曰：惟聖者能之而已。」

此則必須從天命之謂性，以落到性情之教，通過致中和，而依乎中庸，方是「不爲索隱行怪，則依乎中庸而已」。由不爲「索隱行怪」，到「依乎中庸」，這實是儘有其一個很大的距離，故亦儘有其一個很長的過程。同樣，「不能半塗而廢」，亦必須從「天命之謂性」，以落到性情之教，通過致中和，而依乎中庸，方可「是以遯世不見知而不悔」。由不能「半塗而廢」，到「遯世不見知而不悔」，亦實是儘有其一個很大的距離，故亦儘有其一個很長的過程。聖人於此，會儘有其無窮無盡的實踐，以「發憤忘食，樂以忘憂，不知老之將至」，方是中庸之成德，知之盡，仁之至。其性情有無比之厚度，其心靈有無比之深度，其精神有無比之強度，便使其生命有無比之力量，故「不賴勇而裕如」。孔子之所以爲聖者，即在於此；故聖者能之，孔子亦能之。

第三講　道不可離

（一）

君子之道，費而隱；夫婦之愚，可以與知焉；及其至也，雖聖人亦有所不知焉；夫婦之不肖，可以能行焉，及其至也，雖聖人亦有所不能焉。天地之大也，人猶有所憾。故君子語大，天下莫能載焉；語小，天下莫能破焉。《詩》云：「鳶飛戾天，魚躍於淵。」言其上下察也。君子之道，造端乎夫婦，及其至也，察乎天地。

君子之道，本諸性情，性情之發，其用至廣。君子之道，歸諸性情，性情之藏，其體至微。

這都是從天命之謂性，一直下來，而自然會有的性情之道。人不能離其性情，因亦不能離其道。而一不離其道，即爲君子，自有其至廣之用，自有其至微之體。故曰：「君子之道，費而隱。」

於此朱註云：

「費，用之廣也。隱，體之微也。」

惟其用之廣，所以可以達天下。惟其體之微，所以可以「以此洗心，退藏於密」。由前而言，那便是天地位，萬物育。由後而言，那便是「遯世不見知而不悔」。

君子之道，既歸諸性情，則從天命之謂性，一直下來，人皆有其性情，即人皆有其心之靈。有其心靈，即有其明覺。此所以是：

「夫婦之愚，可以與知焉。」

君子之道，既本諸性情，則從天命之謂性，一直下來，人皆有其性情，即人皆有其生命。有其生命，即有其行事。此所以是：

「夫婦之不肖，可以能行焉。」

惟從有其心靈，有其明覺，一直到「心體之透明」，一直到「清明在躬」，這就儘有其一極爲遼遠的途程。

又從有其生命，有其行事，一直到「貞固足以幹事」，一直到「貞固不移」，這亦儘有其一極爲遼遠的途程。

於此，性情之際，便極難言。要知：全副性情，就是整個心靈；整個心靈，就是「惟天之命」。而「於穆不已」，又只不過是心體透明，「清明在躬」；「純亦不已」，亦只不過是「貞固不移」，「貞固足以幹事」。然既不已，便即不「及其至」。故以此全副性情，而言君子之道，這便自然會：

「及其至也，雖聖人亦有所不知焉。」

若所謂全由性情行，以行君子費而隱之道，自亦是：

「及其至也，雖聖人亦有所不能焉。」

以言天地之大，終是有形。既是有形，自亦有限。

而人則終不能安於有限，此所以是：

「人猶有所憾。」

惟性情之道，則只是無限，只是永恆，亦即只是中，只是常。此所以是：

「故君子語大，天下莫能載焉；語小，天下莫能破焉。」

朱子於此註稱：

「君子之道，近自夫婦居室之間，遠而至於聖人天地之所不能盡，其大無外，其小無內，可謂費矣。然其理之所以然，則隱而莫之見也。蓋可知可能者，道中之一事；及其至，而聖人不知不能，則舉全體而言，聖人固有所不能盡也。侯氏曰：聖人所不知，如孔子問禮問官之類；所不能，如孔子不得位，堯舜病博施之類。愚謂人所憾於天地，如覆載生成之偏，及寒暑災祥之不得其正者。」

實則，性情之所在，即理之所以然。性情無形，所以隱而不見。性情遍在，所以無外無內。「近自夫婦居室之間」者，是性情；「遠而至於聖人天地之所不能盡」者，亦是性情。聖人是人倫之至，但性情之全，則聖人固有所不知，有所不能。然於此所謂「有所不知」，正是孔子所云「吾有知乎哉？無知也」之處。而「問禮問官」之類，則只是求知之事。彼對性情之全，有所不知者，正所以不陷於事中之一大知。同樣，所謂「有所不能」，亦正是論語所載「是知其不可而爲之者」之處：而「孔子不得位，堯舜病博施」之類，則只是求能之用。彼對性情之全，有所不能者，正所以不陷於功用之一大能。盈天地間，無非是性情，此在人固無所用其憾。惟盈天地間，終非性情之全，此所以有「覆載生成之偏，寒暑災祥之不得其正」，故人不能無憾，而聖人亦不能無憂。然於此亦正所以見天地不能因人之有憾而憂，蓋無憂者會只是天地。

彼「鳶飛戾天，魚躍於淵」，是天地之無憂，亦正是性情之充塞。《詩經．大雅．旱麓》之篇所載「鳶飛戾天，魚躍於淵」之詩，自會是：

「言其上下察也。」

惟此「言其上下察」，亦正是所以言其上下之一氣流行，一理流行，與夫上下之一善流行。一氣流行而爲至美，一理流行而爲至眞，一善流行而爲至善，這便又無非是性情，無非是性情的瀰漫。

朱註云：

「鳶，鴟類。戾，至也。察，著也。子思引此詩以明化育流行，上下昭著，莫非此理之用，所謂費也。然其所以然者，則非見聞所及，所謂隱也。故程子曰：『此一節，子思喫緊爲人處，活潑潑地，讀者其致思焉。』」

彼天地化育之流行，自會是全副性情之瀰漫。性情之發，其用至廣，故上下昭著。性情之藏，其體至微，故見聞不及。於此，便只是照應，便只是感通，便只是關切，便只是暢遂。從而更只是明明，更只是寂寂，更只是如如，更只是悲憫。終於又只是哀樂相生，情不容已，性不容已，此所以是：

「活潑潑地。」

由此以言君子之道，既然是本諸性情，那便自然是會：

「造端乎夫婦。」

由此以言君子之道，既然是歸諸性情，那便又自然是「及其至也」，會：

「察乎天地。」

（二）

子曰：「道不遠人。人之為道而遠人，不可以為道。《詩》云：『伐柯伐柯，其則不遠。』執柯以伐柯，睨而視之，猶以為遠。故君子以人治人，改而止。忠恕違道不遠，施諸己而不願，亦勿施於人。君子之道四，丘未能一焉：所求乎子以事父，未能也；所求乎臣以事君，未能也；所求乎弟以事兄，未能也；所求乎朋友先施之，未能也。庸德之行，庸言之謹，有所不足，不敢不勉，有餘不敢盡。言顧行，行顧言，君子胡不慥慥爾。」

於此，「不遠人」，即不遠其性情。爲道而遠其性情，即不可以爲性情之道。不可以爲性情之道，即不可以為君子之道。

《詩經．豳風．伐柯》之篇稱「伐柯伐柯，其則不遠」。這只是當下就是性情，亦當下就是把柄。以此把柄以治人，那便是「以人治人，改而止」。

朱子註稱：

「道者，率性而已，固眾人之所能知能行者也。故常不遠於人。若為道者，厭其卑近，以為不足為，而反務為高遠難行之事，則非所以為道矣。」

朱註又稱：

「柯，斧柄。則，法也。睨，邪視也。言人執柯伐木以為柯者，彼柯長短之法，在此柯耳。然猶有彼此之別，故伐者視之猶以為遠也。若以人治人，則所以為人之道，各在當人之身，初無彼此之別。故君子之治人也，即以其人之道，還治其人之身，其人能改，即止不治。蓋責之以其所能知能行，非欲其遠人以為道也。張子所謂『以眾人望人，則易從』是也。」

在這裏，亦盡可以說：性情之道，只是平平。只是平平，便只是自在。只是自在，便只是自由。只是自由，便只是自主。所謂「以眾人望人，則易從」，那便是只望眾人之自主。而所謂自主，又只不過是「性情作主」。

既是只望人之性情作主，自是「即以其人之道，還治其人之身」。如此，則「其人能改，即止不治」，這是一大自由之相，這是一大自在之方。故不遠人以為道，便只是性情之平平。

平平之中，只是中。平平之內，只是常。這絕不是卑近。若「厭其卑近」，便是不識高遠。而不識高遠，反「務為高遠，難行之事」，則自然會「非所以為道」。

性情作主，就是率性。此眾人之所能知。

性情作主，就是道。此眾人之所能行。

就眾人之所能知能行者，而以為道之中，道之常，故即「常不遠於人」。一常不遠於人，便即是平平，便即是中庸，便即是性情。

到這裏，一個人盡其性情，就是忠；推其性情，就是恕。如此，忠恕便為德之全。故《論語》載曾子之言曰：

「夫子之道，忠恕而已矣。」

惟在道德之實踐上，能不斷盡其性情之所近，會亦是忠；能不斷推其性情之所近，會亦是恕。如此，忠恕便為德之大體，此所以又是：

「忠恕違道不遠。」

由此而「施諸己而不願，亦勿施於人」，便把一己放得平平，亦盡可把一個世界放得平平。

朱子云：

「盡己之心爲忠，推己及人爲恕。違，去也。如《春秋》傳：『齊師違穀七里』之違。言自此至彼，相去不遠，非背而去之之謂也，即其不遠人者是也。施諸己而不願，亦勿施於人，忠恕之事也。以己之心，度人之心，未嘗不同，則道之不遠於人者可見。故己之所不欲，則勿以施之於人，亦不遠人以爲道之事。張子所謂『以愛己之心愛人，則盡仁』是也。」

順「天命之謂性」而下來，便自然會是忠，此所以程伊川便說：

「維天之命，於穆不已，忠也。」

順「不遠人以爲道」而下來，便自然會是恕，此所以程伊川又說道：

「乾道變化，各正性命，恕也。」

如此便整個是性情，便無非是中庸，亦即是道。惟由此而能盡己之心，亦是忠；由此而能推己及人，亦是恕，這就是扣緊己與人而言，此對扣緊己與天上說，就是所謂「違道不遠」。而其不遠於天處，則正是其不遠於人處。此所以是「故己之所不欲，則勿以施之於人，亦不遠人以爲道之事」。其「以愛己之心愛人」，則即由此而進，以盡其性情，所以是盡仁。

說到全盡其性情，說到全盡其仁，那會永遠是「未濟」，所以在這裏，就只好說「未能」。如其自說「能之」，便會是：其所盡者，即可一轉而爲非其性情，一轉而不復爲其仁。此所以說：

「君子之道四，丘未能一焉。」

要知「所求乎子，以事父」，又如何能夠不說「未能」？要知「所求乎臣，以事君」，又如何能夠不說「未能」？要知「所求乎弟，以事兄」，又如何能夠不說「未能」？要知「所求乎朋友，先施之」，又如何能夠不說「未能」？在此等處，纔說「未能」，便是天理流行。纔說能之，便歸於禽獸。蓋纔說未能，便大有事在，便有無窮的事可做，便有無窮的心可盡，便有無窮的力可用。纔說能之，便一無所事，便一切停頓。

由於不能不說「未能」，所以便即落到「庸德之行」，以及「庸言之謹」。到這裏，庸德是常德，常德亦正是至德。到這裏，庸言是常言，常言亦正是至言。若「有所不足」，便眞是不足，所以就「不敢不勉」。若言有餘，便眞是空言，所以就不敢盡言。如此言與行，打成一片，即知與行，打成一片，從而性情打成一片，天與人也打成一片。如此，則所謂中庸，正是道德實踐上的一個極則。

朱註於此稱：

「求猶責也。道不遠人，凡己之所以責人者，皆道之所當然也，故反之以自責而自修焉。庸，平常也。行者，踐其實。謹者，擇其可。德不足而勉，則行益力。言有餘而訒，則謹益至。謹之至，則言顧行矣。行之力，則行顧言矣。慥慥，篤實貌。言君子之言行如此，豈不慥慥乎？贊美之也。凡此皆不遠人以為道之事。張子所謂『以責人之心責己，則盡道』是也。」

在這裏，所謂「未能」，自只是自責。自責，就是自勉。自勉，就是自盡。而自盡其性，即自盡其情；自盡其情，即自盡其心；自盡其心，即自盡其道。此所以張橫渠說：

「以責人之心責己，則盡道。」

順「道不遠人」而下來，便一切顯得平平。一切顯得平平，便只能自覺其一己之「未能」，如說能之，便即不是平平。這正是所以顯其大。所謂「泰山之高，何如平地之大」？放平來，亦正所以成其大。由此大而化之，便是極高明。此所以纔說「丘未能一焉」，便儘見出其天地之氣象。慥慥是篤實貌。然此等篤實，既一方面是平平的篤實，一方面又是庸常的篤實，這便自然會一方面是一望無際的篤實，一方面又是永無止息的篤實。由前而言，那是一種無限的篤實。由後而言，那是一種永恆的篤實。此則無怪乎聖人是人倫之至，亦無怪乎聖人是性情之至。既是人倫之至，性情之至，便自然「道不遠人」。

朱子於此章附語稱：

「道不遠人者，夫婦所能。丘未能一者，聖人所不能，皆費也。而其所以然者，則至隱存焉。」

此則在性情之際，固皆如此，亦不能不如此。於此放言，便是費。於此難言，便是隱。

（三）

君子素其位而行，不願乎其外。素富貴，行乎富貴。素貧賤，行乎貧賤。素夷狄，行乎夷狄。素患難，行乎患難。君子無入而不自得焉。在上位不陵下。在下位不援上。正己而不求於人，則無怨。上不怨天，下不尤人。故君子居易以俟命，小人行險以徼幸。子曰：「射有似乎君子，失諸正鵠，反求諸其身。」

這只是放平，這只是放鬆，這只是放開，這只是放下。這是生活在生活之中，這正是所謂「在其自己」。惟其如此，所以就不失其自己，而儘有其性情，儘有其心靈，儘有其生命。從而儘有其精神性，儘有其「不沾滯」。

只因不沾滯於富貴，所以就「素富貴，行乎富貴」。

只因不沾滯於貧賤，所以就「素貧賤，行乎貧賤」。

只因不沾滯於夷狄，所以就「素夷狄，行乎夷狄」。

只因不沾滯於患難，所以就「素患難，行乎患難」。

這不沾滯之相，實是一大靈活之相。這儘有其性情上的靈活，這儘有其心靈上的靈活，這儘有其生命上的靈活。就因爲如此，所以道便當下即是。而儘可「素其位而行，不願乎其外」。

這不沾滯之相，亦實是一大自由之相。這儘有其性情上的自由，這儘有其心靈上的自由，這儘有其生命上的自由。就因爲如此，所以就「爲仁由己」，而儘可「素其位而行，不願乎其外」。

這不沾滯之相，亦實是一大平等之相。這儘有其性情上的平等，這儘有其心靈上的平等，這儘有其生命上的平等。就因爲如此，所以就「上下與天地同流」，而儘可「素其位而行，不願乎其外」。

這不沾滯之相，亦實在是一大自在之相。這儘有其性情上的自在，這儘有其心靈上的自在，這儘有其生命上的自在。就因爲如此，所以就「天下何思何慮」，而儘可以「素其位而行，不願乎其外」。

如此一來，道由當下即是，便又即爲：道便當下即足。既當下即足，便自「無入而不自得」。

自得其性情之悅樂，便自有其性情之貞常，因此，「在上位」，便自然會「不陵下」。自得其心靈之順遂，便自有其心靈之遍全。因此，「在下位」，便自然會「不援上」。自得其生命之條暢，便自有其生命之正大。因此一正己，便自然會「不求於人」。自得，便自無怨。無怨便自覺其一己之無限，而心同於天。既同於天，便自「上不怨天」。自得，便自無尤，無尤便自覺其一己之永恆，而善與人同。既與人同，便自「下不尤人」。

朱註稱「素其位而行」云：

「素猶見在也。言君子但因見在所居之位，而爲其所當爲，無慕乎其外之心也。」這「無慕乎其外之心」，就是「在其自己」，而一「在其自己」，便自「但因見在所居之位，而爲其所當爲」。

朱註稱「無入不自得」云：

「此言素其位而行也。」

只「在其自己」，便自「得其自己」。這「得其自己」，會自然是由「素其位而行」以至。

朱註稱「在上位不陵下」以至不怨尤條云：

「此言不願乎其外。」

若一「願乎其外」，便自「離其自己」，如此，就是「獲得了一個世界，而失掉了自己的生命，又有何益呢」？

「居易」實無過於「在其自己」。「俟命」實即同於「得其自己」。

「行險」則終至於「離其自己」。「僥幸」會其實是「失其自己」。

於此，朱註稱：

「易，平地也。居易，素位而行也。俟命，不願乎外也。僥，求也。幸，謂所不當得而得者。」

在這裏，君子只是放平，放鬆，放開，放下。而小人則只是激盪，抓緊，關門和死死追求，死死提調，死死集起來。

由此而言，能一一回到性情，以求人性的復活；能一一回到心靈，以求心靈的醒覺；能一一回到生命，以求生命的安頓；這就是所謂：

「失諸正鵠，反求諸其身。」

朱註稱：

「畫布曰正，棲皮曰鵠。皆侯之中，射之的也。子思引此孔子之言，以結上文之意。」

一反求諸其身，便即復其見天地之心。一復其見天地之心，便即見一切之不致「失諸正鵠」。

（四）

君子之道，辟如行遠必自邇；辟如登高必自卑。《詩》曰：『妻子好合，如鼓瑟琴；兄弟既翕，和樂且耽。宜爾室家，樂爾妻帑。』子曰：「父母其順矣乎？」

「邇」則當下即是。「卑」則充之即平。是性情之道，自能致其遠大，而歸於無限。充性情之道，自能極其高明，而歸於永恆。

《詩經．小雅．棠棣》之篇所載「妻子好合，如鼓瑟琴」，那會是人間的極大諧和。由此而「乾坤定矣」，則又會是宇宙間的絕大諧和。於此，朱註稱：

「鼓瑟琴，和也。」

一和，便即成一樂章。妻子之好合，實即是一大樂章。

《詩經．小雅．棠棣》篇之「兄弟既翕，和樂且耽」，那會是人間的眞正的一致。由此而「萬物一體」，則又會是全宇宙的眞正的一致。於此，朱註稱：

「翕，亦合也。」

那是兩個個體之復合，那是多裏的一。是以兄弟既翕，會即是一切的歸於一。由此而「宜爾室家」，則充滿的自是人生的樂章。由此而「樂爾妻帑」，則到來的自是春天的畫面。

在人生的樂章裏，父母之心可知；在春天的畫面中，父母之心可見。此所以是：

「父母其順矣乎？」

於此朱註云：

「夫子誦此詩而贊之曰：『人能和於妻子，宜於兄弟，如此則父母其安樂之矣。』子思引詩及此語，以明行遠自邇，登高自卑之意。」

在這裏，性情之道，定之於妻子，因即定之於乾坤；達之於兄弟，因即達之於四海；印證於父母，因即印證於天下。

（五）

子曰：「鬼神之為德，其盛矣乎？視之而弗見，聽之而弗聞，體物而不可遺。使天下之人齊明盛服，以承祭祀。洋洋乎！如在其上，如在其左右。《詩》曰：『神之格思，不可度思，矧可射思？』夫微之顯，誠之不可揜如此夫。」

這是就性情之超越處說，由此而至於鬼神，便洞見鬼神之爲德。性情之德盛，鬼神之德，便自然會：

「其盛矣乎？」

於此朱註稱：

「程子曰：『鬼神，天地之功用，而造化之迹也。』張子曰：『鬼神者，二氣之良能也。』愚謂以二氣言，則鬼者，陰之靈也；神者，陽之靈也。以一氣言，則至而伸者爲神，反而歸者爲鬼。其實一物而已。爲德，猶言性情功效。」

在這裏，是天地之功用，亦正是性情之功用；是造化之迹，亦正是性情滲透之迹。而二氣之良能，則又無非是性情正反二面之進展。以二氣言，則鬼爲陰之靈，實即爲性情之純反面；神爲陽之靈，實即爲性情之純正面。以一氣言，則由一氣之流行，到一理之流行；又由一理之流行，到一善之流行；這便是所謂「至而伸者爲神」。而由一氣之流行，又回到只是一氣之流行，這便是所謂「反而歸者爲鬼」。以此之故，鬼神亦儘可視之爲一體之兩面，而爲一物或一事。而鬼神之爲德，便自會是：

「爲德，猶言性情功效。」

此非言性情與功效，此乃言性情之功效。所謂鬼神爲德之盛，實即性情的超越功效之盛。

＊　＊　＊

性情之超越面，亦就是性情之簡單化到極點，和純一化到極處，由此而靜極以生其神智，由此而無邪以歸於至眞。其無形無影處，自會是「視之而弗見」。其無聲無臭處，自會是「聽之而弗聞」。其成己成物處，自會是「體物而不可遺」。到此，便使諸事，全都成了本分。到此，便使妙理，亦都只是尋常。既全都是本分，既都只是尋常，如此以爲物之體，自又如何可遺？

朱註云：

「鬼神無形與聲，然物之終始，莫非陰陽合散之所爲，是其爲物之體，而物所不能遺也。其言體物，猶易所謂幹事。」

從性情之超越處說，性情之正反二面之永續不斷的進展，自形成了「物之終始」。所謂陰陽合散，正是一氣流行之起伏，亦正是一理流行之顯晦，亦正是一善流行之消長。其體物，只是本分，只是尋常，然即此以求至道，便是一絕對的超越，便是由相對歸於絕對。

* * *

既已由相對歸於絕對，這便聖凡立判，而儘會使天下之人，爲之慄然，肅然，並儘有其對「不可知」之愕然之意與慘然之情。到此便自然會「齊明盛服，以承祭祀」。

到這裏，天地間之一氣之流行，原所以見天地之美者，便更成了一絕對的一氣之流行，而洞見天地之大化。

到這裏，天地間之一理之流行，原所以見天地之眞者，便更成了一絕對的一理之流行，而洞見天地之大德。

到這裏，天地間之一善之流行，原所以見天地之心者，便更成了一絕對的一善之流行，而洞見天地之鬼神。

既已洞見天地之鬼神，這便自然會：

「洋洋乎，如在其上，如在其左右。」

朱註稱：

「齊之爲言，齊也。所以齊不齊而致其齊也。明，猶潔也。洋洋，流動充滿之意。能使人畏敬奉承，而發見昭著如此，乃其體物而不可遺之驗也。孔子曰：『其氣發揚於上，爲昭明，焄蒿悽愴，此百物之精也，神之著也』，正謂此爾。」

其氣發揚於上，便即明明在上，而儘會令人有其對「不可知」之愕然之意。其氣發揚於上，便即焄蒿悽愴，而儘會令人有其對「不可知」之慘然之情。由愕然之意，而致其畏敬之心。又由慘然之情，而盡其奉承之禮。這便是祭祀之所由來。由此而歸於絕對的一，這便是齊不齊而致其齊。由此而歸於絕對的精神性，這便是明通一切而成其潔。

＊　　＊　　＊

《詩經．大雅．抑》之篇所載：「神之格思，不可度思，矧可射思」，朱註云：

「格，來也，矧，況也。射，厭也，言厭怠而不敬也。思，語辭。」

由歸於絕對的一，便自爲神之來。由歸於絕對的精神性，便自爲「不可度」。這即是性情之無限，和性情之永恆。而才一厭怠，便自停頓而歸於凋零；才一不敬，便自止息而歸於斷絕。

由性情之微，到性情之無限，其顯如此。

由性情之際，到性情之永恆，其顯又如此。

而當其顯於絕對的「一」時，這便是一絕對的眞實；當其顯爲絕對的精神時，這便是絕對的無妄。故曰：

「夫微之顯，誠之不可揜如此夫。」

朱註云：

「誠者，眞實無妄之謂。陰陽合散，無非實者，故其發見之不可揜如此。」

性情之顯，是一直顯；「一直」便是無妄。性情之顯，是一一顯，「一一」便是眞實。因此之故，性情之道，便只是誠。在這裏，會實有其正反兩面之無限而永恆的發展，此所以是：

「陰陽合散，無非實者。」

至其發見而爲天地鬼神，便自會如此之「不可揜」。其不可揜，是誠不可揜。

（六）

子曰：「舜其大孝也與？德為聖人，尊為天子。富有四海之內，宗廟饗之，子孫保之。故大德必得其位，必得其祿，必得其名，必得其壽。故天之生物，必因其材而篤焉。故栽者培之，傾者覆之。《詩》曰：『嘉樂君子，憲憲令德；宜民宜人，受祿於天。保佑命之，自天申之。』故大德者必受命。」

大孝是性情之大德。由天命之謂性而至性情之大德，自必受命。由此便必得其位，必得其祿，必得其名，必得其壽。「尊爲天子」，是必得其位。「富有四海之內」，是必得其祿。「宗廟饗之」，是必得其名。「子孫保之」，是必得其壽。而受命則即是天人合一。孝是以子合父，亦正是以人合天。故其德亦必爲聖人，而合此性情，以至於命。「栽者培之」，是性情。「傾者覆之」，亦是性情。於此以見天之高，亦於此以見地之厚。而「因其材而篤焉」，便是「各正性命」。彼嘉樂君子，則以此而見其性情之全，故儘有其「憲憲令德」，故儘會是「宜民宜人」。如此，便自「受祿於天」。如此，便自「保佑命之，自天申之」。孝可以受父母之命，孝自亦可以受天地之命。於此，朱子註稱：

「受命者，受天命爲天子也。」

又稱：

「材，質也，篤，厚也。栽，植也。氣至而滋息爲培，氣反而遊散則覆。」

在這裏，孝則受命爲子，大孝則受命爲天子。有其材質，即有其性情；有其性情，即有其篤厚。植之，而又以性情培之，此天之所以爲天。傾之，而又以性情覆之，此地之所以爲地。

（七）

子曰：「無憂者其惟文王乎？以王季為父，以武王為子。父作之，子述之。武王纘太王、王季、文王之緒，壹戎衣而有天下。身不失天下之顯名，尊為天子，富有四海之內，宗廟饗之，子孫保之。武王末受命，周公成文武之德，追王大王、王季，上祀先公以天子之禮。斯禮也，達乎諸侯、大夫，及士、庶人。父為大夫，子為士，葬以大夫，祭以士。父為士，子為大夫，葬以士，祭以大夫。期之喪，達乎大夫。三年之喪，達乎天子。父母之喪，無貴賤一也。」

惟天地無憂，而文王亦復無憂，此則一方面指出了文王之境界，一方面也指出了文王之際遇。文王之「文思安安」，那是文王的境界，那是一天清地寧之境界。文王之「父作之，子述之」，那是文王的際遇，那是一天高地厚之際遇。似此無憂，實只是天地之無憂，亦只有文王足以當之。此所以說：

「無憂者，其惟文王乎？」

就性情上說，文王之無憂，那只是安於性情之中。而「武王纘太王、王季、文王之緒」，便只是繼此性情之業。其「壹戎衣而有天下」，亦只是此性情之功，自然完成。

於此朱註稱：

「纘，繼也。太王，王季之父也。《書》云：『太王肇基王跡。』《詩》云：『至於太王，實始剪商。』緒，業也。戎衣，甲冑之屬。壹戎衣，武成文，言一著戎衣以伐紂也。」

如此，由性情之家，積善揚善以成性情之國，自亦是「必得其位，必得其祿，必得其名，必得其壽」，而「必受命」。至此，以人合天者，王亦合人。

「武王末受命，周公成文武之德，追王太王、王季，上祀先公以天子之禮」。自更形成一大性情之傳統。在此一大性情之傳統上，最足資印證者，便是禮樂。而「三年之喪，達乎天子。父母之喪無貴賤一也」。則更是此至性至情之普顯於天下，推廣於人間。

朱註云：

「末，猶老也。追王，蓋推文武之意，以及乎王迹之所起也。先公，組紺以上至后稷也。上祀先公以天子之禮，又推太王、王季之意，以及於無窮也。制爲禮法，以及天下，使葬用死者之爵，祭用生者之祿。喪服自期以下，諸侯絕；大夫降；而父母之喪，上下同之，推己以及人也。」

於此，「葬用死者之爵，祭用生者之祿」，那正是事死如事生。而事死如事生，則又無非是性情之至。性情之至，至於無窮，這更使「父母之喪，上下同之」。由此以及於永恆，便爲性情之不朽。

（八）

子曰：「武王、周公，其達孝矣乎？夫孝者，善繼人之志，善述人之事者也。春秋修其祖廟，陳其宗器，設其裳衣，薦其時食。宗廟之禮，所以序昭穆也。序爵，所以辨貴賤也。序事，所以辨賢也。旅酬下為上，所以逮賤也。燕毛，所以序齒也。踐其位，行其禮，奏其樂，敬其所尊，愛其所親。事死如事

生，事亡如事存，孝之至也。郊社之禮，所以事上帝也。宗廟之禮，所以祀乎其先也。明乎郊社之禮，禘嘗之義，治國其如示諸掌乎？」

於此，武王周公是行乎性情之內。此所以是：

「其達孝矣乎。」

朱註云：

「達，通也。承上章而言武王、周公之孝，乃天下之人通謂之孝，猶孟子之言達尊也。」

既行乎性情之內，自通乎天下之人，而使天下之人通謂之孝。在這裏，孝正是骨肉接上著骨肉，性情接上著性情，以達於無限，以通乎永恆。此所以是：

「夫孝者，善繼人之志，善述人之事者也。」

朱註於此稱：

「上章言武王纘太王、王季、文王之緒以有天下，而周公成文武之德以追崇其先祖。此繼志述事之大者也。下文又以其所制祭祀之禮，通於上下者言之。」

有其性情之傳統，便即有其志事之傳統。有其志事之傳統，便即有其禮法之傳統。而宗廟之禮，其所序者，會成就人間的一大秩序，亦正所以成就天地間或宇宙間的一大秩序。

朱註云：

「宗廟之次，左爲昭，右爲穆，而子孫亦以爲序。有事於太廟，則子姓、兄弟、群昭、群穆咸在而不失其倫焉。爵，公、侯、卿、大夫也。事，宗祝有司之職事也。旅，眾也。酬，導飲也。旅酬之禮，賓弟子、兄弟之子，各舉觶於其長而眾相酬。蓋宗廟之中以有事爲榮，故逮及賤者，使亦得以申其敬也。燕毛，祭畢而燕，則以毛髮之色別長幼，爲坐次也。齒，年數也。」

在這裏，會只見其雍容，會只見其肅穆。這使性情面對著性情，這亦使性情接引著性情，以此而有千古不磨之心靈，亦以此而有千秋不朽之生命。

只踐其位，便天下定。只行其禮，便天下安。只奏其樂，便天下悅。而敬其所尊，則整個是莊嚴；愛其所親，更無非是藹藹。能事死如事生，即死如未死。能事亡如事存，即亡而不亡。在這裏，是性情之至，亦就是孝之至。而是孝之至，亦就是性情之至，

朱註稱：

「踐，猶履也。其，指先王也。所尊所親，先王之祖考、子孫、臣庶也。始死謂之死。既葬則曰反而亡焉。皆指先王也。此結上文兩節，皆繼志述事之意也。」

繼志述事，乃所以承先，承先即所以復現無窮的過往。繼志述事，亦正所以啓後，啓後即所以實有無窮的未來。由此而眼前更只是一片心血，全副肝腸。從而光明，更整個是光明。從而眞實，更整個是眞實。

以此而言「郊社之禮」，其「所以事上帝」，那正是以孝合乎天，由至微以達至顯，而使眼前便是無限。

以此而言宗廟之禮，其「所以祀乎其先」，那正是以孝合乎其先。由承先以啓其後，而使當下就是永恆。

眼前既是無限，這便自然會「於穆不已」，而讓全副是精神，以成郊社之義。

當下既是永恆，這便自然會「純亦不已」，而讓整個是敬意，以成宗廟之欽。

郊社之義，顯而爲郊社之禮。而宗廟之欽，則即所以見褅嘗之義。禮既莫大於此，義亦莫大於此。而明乎此禮義之全，便亦即明乎性情之理；明乎此性情之理，便亦即明乎治國之道。故曰：

「治國其如示諸掌乎？」

朱註云：

「郊，祀天。社，祭地。不言后土者，省文也。褅，天子宗廟之大祭。追祭太祖之所自出於太廟，而以太祖配之也。嘗，秋祭也。四時皆祭，舉其一耳。禮必有義，對舉之，互文也。示，與視同。視諸掌，言易見也。此與論語文意大同小異，記有詳略耳。」

從性情上說，上天下地，便只是性情之本；列祖列宗，便只是性情之源。由此祭祀，則更只見其性情之崇高，只見其性情之博厚，只見其性情之綿延，只見其性情之永續。由此以治其國，自亦只見其國之可久可大，而無不治之理。

第四講　天下國家有九經

（一）

哀公問政，子曰：「文武之政，布在方策，其人存，則其政舉，其人亡，則其政息。人道敏政，地道敏樹。夫政也者，蒲盧也。故為政在人，取人以身，修身以道，修道以仁。仁者人也，親親為大；義者宜也，尊賢為大。親親之殺，尊賢之等，禮所生也。在下位不獲乎上，民不可得而治矣。故君子不可以不修身；思修身，不可以不事親；思事親，不可以不知人；思知人，不可以不知天。天下之達道五，所以行之者三。曰：君臣也，父子也，夫婦也，昆弟也，朋友之交也，五者天下之達道也。知仁勇三者，天下之達德也。所以行之者一也。或生而知之，或學而知之，或困而知之，及其知之，一也。或安而行之，或利而行之，或勉強而行之，及其成功，一也。」

子曰：「好學近乎知，力行近乎仁，知恥近乎勇。知斯三者，則知所以修身。知所以修身，則知所以治人。知所以治人，則知所以治天下國家矣。凡為天下國家有九經，曰：修身也，尊賢也，親親也，敬大臣也，體群臣也，子庶民也，來百工也，柔遠人也，懷諸侯也。修身則道立，尊賢則不惑，親親則諸父昆弟不怨，敬大臣則不眩，體群臣則士之報禮重，子庶民則百姓勸，來百工則財用足，柔遠人則四方歸之，懷諸侯則天下畏之。齊明盛服，非禮不動，所以修身也。去讒遠色，賤貨而貴德，所以勸賢也。尊其位，重其祿，同其好惡，所以勸親親也。官盛任使，所以勸大臣也。忠信重祿，所以勸士也。時使薄斂，所以勸百姓也。日省月試，既稟稱事，所以勸百工也。送往迎來，嘉善而矜不能，所以柔遠人也。繼絕世，舉廢國，治亂持危，朝聘以時，厚往而薄來，所以懷諸侯也。凡為天下國家有九經，所以行之者一也。」

「凡事豫則立，不豫則廢。言前定，則不跲；事前定，則不困；行前定，則不疚；道前定，則不窮。在下位，不獲乎上，民不可得而治矣。獲乎上有道，不信乎朋友，不獲乎上矣。信乎朋友有道，不順乎親，不信乎朋友矣。順乎親有

道，反諸身不誠，不順乎親矣。誠身有道，不明乎善，不誠乎身矣。誠者，天之道也。誠之者，人之道也。誠者，不勉而中，不思而得，從容中道，聖人也。誠之者，擇善而固執之者也。博學之，審問之，慎思之，明辨之，篤行之。有弗學，學之弗能，弗措也。有弗問，問之弗知，弗措也。有弗思，思之弗得，弗措也。有弗辨，辨之弗明，弗措也。有弗行，行之弗篤，弗措也。人一能之，己百之；人十能之，己千之。果能此道矣，雖愚必明，雖柔必強。」

在此所透出的是一個性情的永恆的國度。在此所透出的是一個性情的至善的人間。在此所透出的是一個性情的美妙的天下。在此所透出的是一個性情的絕對的宏揚。這是性情的一個直達之道。這是性情的一個圓滿之教。這從天命之謂性，一直下來。這又從率性之謂道，一直上去。如此直上直下，便形成了一個絕大無比而又永續恆常的性情的教化。這自然會從而形成一個眞正的人的國度。這是由天國落到人間而形成的一個眞正的人國。

既是一個眞正的人國，便自一切以人爲本。而「文武之政，布在方策」，亦必然是：

「其人存，則其政舉；其人亡，則其政息。」

於此，朱註稱：

「方，版也。策，簡也。有是君，有是臣，則有是政矣。」

惟在這裏，仍然是直上直下。就一直下去說，那是有是君，即有是臣；有是臣，即有是民。而就一直上去說，那亦會是有是民，即有是臣；有是臣，即有是君。在這裏，君臣是一體，臣民是一體，而君民又是一體。此所以是「以中國爲一人」，此所以是人國。

既是人國，便又自然是一本人道。而「人道敏政，地道敏樹」，便又自然會：

「夫政也者，蒲盧也。」

於此，朱註稱：

「敏，速也，蒲盧，沈括以爲蒲葦是也。以人立政，猶以地種樹，其成速矣。而蒲葦又易生之物，其成尤速也。言人存政舉，其易如此。」

到這裏，政治亦不過是一個人的性情之所過者化，有如時雨之化。於此之際，政事之蓬勃而舉，正如樹木之蓬勃而生，並亦如蒲葦之蓬勃以長。

*　*　*

既是「人道敏政」，便自「爲政在人」。在這裏，政治是技術，更是藝術；是眞理，更是性情。同時是一個人的性情之「所過者化」，更是一個人的性情之「所存者神」。由此而「取人以身」，這身便是「道成肉身」之身。由此而「修身以道」，這道亦正是「肉身成道」之道。由此而以身合道，又以道合身，去修其道，便是：

「修道以仁。」

朱註云：

「此承上文人道敏政而言也。爲政在人，家語作『爲政在於得人』，語意尤備。人，謂賢臣。身，指君身。道者，天下之達道。仁者，天地生物之心，而人得以生者，所謂元者善之長也。言人君爲政在於得人；而取人之則又在修身。能修其身，則有君有臣，而政無不舉矣。」

所謂「爲政在得人」，而得人則正是性情與性情間之相得。必有仁君之身，方能有賢臣之取。和是天下之達道，倫常亦正是天下之達道。讓一己之全部心靈全歸於和，這是修身以道。讓一己之整個生命，全納入於倫常之中，而有其常，這亦是修身以道。惟有其中，方有其和；有其本，方有其常。於此，仁正是一個「中」，正是一個絕大的內心的均衡。仁正是一個「本」，正是一個「天地生物之心，而人得以生者，所謂元者善之長也」。因此之故，「能仁其身」，便即有性情與性情之交感。而君與臣間之接觸，便亦只是性情與性情間之接觸。到這裏，有君有臣，更儘有其政治上的性情充塞，而自然會「政無不舉矣」。此所以是：

「修道以仁。」

既修道以仁，而一切又以人爲本，且爲政又只在得人，則得乎人，便即是得乎本，得乎仁；而得乎仁，亦即是得乎本，得乎人。這便自然會是：

「仁者人也。」

到這裏，性情便即成了大機大用，並作成了一切的核心，一切的樞紐和一切的把柄。而且還儘會含藏著一切，驅使著一切，主宰著一切。而親親則只是一大性情之流行，儘會是自然，儘會是自在，此所以是：

「親親爲大。」

由此而到達其一大性情之層次，以凸顯其性情之莊嚴；並到達其一大性情之安排，以表露其性情之條理，這便是所謂：

「義者宜也。」

於此，在性情之中，便儘有其分寸。那是一個無限中的限定；那是一個無邊際中的分際。而尊賢則即是一大性情之提起，儘會是向上，儘會是向善。此所以是：

「尊賢爲大。」

惟是親親與尊賢，在性情之際，終有其極適度之表達。由此，「親親之殺，尊賢之等」，便是：

「禮所生也。」

朱註稱：

「人指人身而言。具此生理，自然便有惻怛慈愛之意，深體味之可見。宜者，分別事理，各有所宜也。禮則節文斯二者而已。」

在這裏，人身之可貴，正是此生理之可貴。此生理之可貴，正是此惻怛慈愛之意之可貴。由此而直說仁者人也，便即見「人者天地之心也」。而仁便亦無非是天命之謂性，儘可直承以身。由此而以身爲準，分別事理，亦即是以仁爲準，而分別事理，所以各有所宜。性情之發，到此自有其適切之度，不致仁勝，亦不致義勝，這便是：

「禮則節文斯二者而已。」

*　　*　　*

由「仁者人也」，到身之所以可貴，這便自然會：

「故君子不可以不修身。」

由天命之謂性，落到一身，而思所以修之，便自不能不自一身而反之，以「復其見天地之心」。如此便即：

「思修身不可以不事親。思事親不可以不知人。思知人不可以不知天。」

朱子於此稱：

「爲政在人，取人以身，故不可以不修身。修身以道，修道以仁，故思修身不可以不事親。欲盡親親之仁，必由尊賢之義，故又當知人。親親之殺，尊賢之等，皆天理也，故又當知天。」

此亦是有性情之直下，便即應有性情之直上。從天命之謂性一直下來，那便是由天到人，由人到親，由親到身。再由此而一直上去，那便是由身到親，由親到人，又由人到天。凡此以天合人，以人合天，固無非是性情之事。由此而有性情的歷史文化，亦由此而有性情的國家政治。

到這裏，所謂知天，實亦不過是知其性天。在性天之下，會儘有其通途，亦即達道，這便是倫常。在性天之下，會儘有其同得，亦即達德，這便是知仁勇。在性天之下，智仁勇三者，乃所以盡倫常之道。在性情之下，性情之誠，又所以全智仁勇三者之德。這便是：

「所以行之者一也。」

朱註稱：

「達道者，天下古今所共由之路，即書所謂五典，孟子所謂『父子有親，君臣有義，夫婦有別，長幼有序，朋友有信』是也。知，所以知此也。仁，所以體此也。勇，所以強此也。謂之達德者，天下古今所同得之理也。一則誠而已矣。達道雖人所共由，然無是三德，則無以行之。達德雖人所同得，然一有不誠，則人欲間之，而德非其德矣。程子曰：『所謂誠者，止是誠實此三者，三者之外，更別無誠。』」

舉凡性情之貞，就是性情之實。舉凡性情之實，就是性情之誠。舉凡性情之誠，就是性情之全歸於知仁勇，而儘有其惻怛慈愛，清明強固。惻怛慈愛，清明強固之外無性情。故智仁勇三者之外，亦別無誠。性情之誠，誠於知，則清明在躬；誠於仁，則萬物一體；誠於勇，則貞固不移，而足以幹事。故曰：

「所謂誠者，止是誠實此三者。」

而一不誠，則陷於無明，陷於痲木，陷於無力，而知不復爲知，仁不復爲仁，勇不復爲勇，這只是人欲間之，陷於破裂，故「德非其德」，而無以行乎達道。無以行乎達道，即倫常有虧，而性天有缺。且到此境地，虧則全虧，缺則全缺；虧是終身的虧損，缺是彌天的缺陷。

由「天命之謂性」，一直下來，落到人身，而欲反之於天，並「其復見天地之心」，以符合天地之命，則由知而入，是一途徑；由行而入，亦是一途徑。在實踐之知上，有頓有漸；在實踐之行上，有利有鈍。生知，學知或困知，那是資質之不同。安行，利行或勉強而行，那是根器之有異。惟在實踐上，則並無兩樣。「及其知之」，和「及其成功」，會都是「一也」。

又朱註於此稱：

「知之者之所知，行之者之所行，謂達道也。以其分而言，則所以知者知也。所以行者仁也。所以至於知之成功而一者勇也。以其等而言，則生知安行者知也。學知利行者仁也。困知勉行者勇也。蓋人性雖無不善，而氣稟有不同者，故聞道有蚤莫，行道有難易，然能自強不息，則其至一也。呂氏曰：『所入之塗雖異，而所至之域則同。此所以爲中庸。若乃企生知安行之資爲不可幾及，輕困知勉行謂不能有成，此道之所以不明不行也。』」

道德之實踐，是一性情之通途，故「知之者之所知」與夫「行之者之所行」，自當爲一倫常之達道。在這裏，行之者是實踐其所知。而知之者，亦正是實知其所行。彼由性情而知，與夫由性情而行，初非二事。而「以其分而言」，和「以其等而言」，則有如朱註之所稱。要之，生知，學知，困知，都是實踐的事；而安行，利行，勉行，亦都是實踐的事。困知勉行，固然是大有事在；而生知安行，亦並非是無所事事。纔說無事，那便是停頓，那便是息，而不是自強，不是誠，因亦不復是「天命之謂性」。就「天命之謂性」而言，所謂生知安行，亦只不過是率性，亦只不過是若無其事而已。此所以是中庸，此所以是：

「所入之塗雖異，而所至之域則同。」

而在道德之實踐上，會只是三件大事：這便是好學，這便是力行，這便是知恥。於此，知恥更是性情之所關，更是心靈之所顯，更是生命之所在。由知恥以至於知，這便是「好學近乎知」。由知恥以至於行，這便是「力行近乎仁」。知恥是性情之發，故發必「近乎勇」，以成心靈之堅強，以成生命之堅強。

朱註云：

「此言未及乎達德，而求以入德之事，通上文三知爲知，三行爲仁，則此三近者，勇之次也。呂氏曰：『愚者自是而不求，自私者殉人欲而忘返，懦者甘爲人下而不辭。故好學非知，然足以破愚；力行非仁，然足以忘私；知恥非勇，然足以起懦。』」

道德的實踐，是一個永續不斷的實踐，那儘會有其無限無盡的過程，故永不能言「及乎達德」。因此之故，只破無明，便是明，而好學足以破愚，破愚亦即近乎知。只去人欲便是善，而力行足以忘私，忘私亦即近乎仁。只不退墮便是強，而知恥足以起懦，起懦亦即近乎勇。在這裏，最不可缺少的會只是人性上的向上一機，由此而力求其性情上的簡單化，那便是「不學便老而衰」，故只是好學；「人生只是辛勤的工作」，故只是力行；「有所不爲，而後可以大有爲」，故只是知恥。

＊　＊　＊

好學，力行，知恥，這亦正是直從「天命之謂性」而下來的事。這只是本其性情以學，故自好學。這只是本其性情以行，故自力行。這只是本其性情以有所不爲，故自知恥。此所以是：

「知斯三者，則知所以修身。」

在這裏，修身亦正會是只求其一己之簡單化。必有其一己之生活的簡單化，方能有其一己生活之妥當安排。必有其一己心情之簡單化，方能有其一己心情之妥當安排。必有其一己生命之簡單化，方能有其一己生命之妥當安排。由此安排得了一己，便可安排得了一己的周遭。安排得了一己的周遭，便可安排得了一己的前前後後的人們。此所以是：

「知所以修身，則知所以治人。」

在這裏，治人亦只是讓人歸於其性情之中。而當人人能歸於其性情之中，便即人人自有其安排，而天下國家，亦即自有其一大安排。此所以是：

「知所以治人，則知所以治天下國家矣。」

朱註云：

「斯三者，指三近而言。人者，對己之稱。天下國家，則盡乎人矣。言此以結上文修身之意，起下文九經之端也。」

好學，是一個人當下就可以的好學。力行，是一個人當下就可以的力行。知恥，是一個人當下就可以的知恥。那會是簡單之至，那會是切近之至。人必須知道其一己，方能知道一切。而欲知道其一己，又如何能不好學？人必須左右其一己，方能左右天下。而欲左右其一己，又如何能不力行？人必須交代其一己，方能交代後世。而欲交代其一己，又如何能不知恥？凡此都只是性不容已，凡此都只是情不容已。由此而求所以安排，則修身，即所以治人；治人，即所以治天下國家，固初無二事。而所謂初無二事，便即是從「天命之謂性」而一直下來的事。

從「天命之謂性」一直下來，雖初無二事，但有九經。由此而經己經人，經家經國，經天經地，便心安理得，而國恩家慶；更風調雨順，而天清地寧。一切歸於性情之正，即一切歸於性情之常；一切歸於性情之常，即一切歸於性情之中。於是修身是性情之中的事，尊賢亦是性情之中的事。親親亦是性情之中的事，敬大臣亦是性情之中的事，體群臣亦是性情之中的事，子庶民亦是性情之中的事，來百工亦是性情之中的事，柔遠人亦是性情之中的事，而懷諸侯亦只是性情之中的事。既無非是性情之中的事，所以就初無二事，而只有其九經而已。

朱註云：

「經，常也。體，謂設以身處其地而察其心也。子，如父母之愛其子也。柔遠人，所謂無忘賓旅者也。此列九經之目也。呂氏曰：『天下國家之本在身，故修身爲九經之本。然必親師取友，然後修身之道進，故尊賢次之。道之所進，莫先其家，故親親次之。由家以及朝廷，故敬大臣、體群臣次之。由朝廷以及其國，故子庶民、來百工次之。由其國以及天下，故柔遠人、懷諸侯次之。此九經之序也。』視群臣，猶吾四體；視百姓，猶吾子，此視臣視民之別也。」

在這裏，亦只能言其經。爲天下國家，如不言其經，便只能言其權，如此便是權力之天下，權力之國家和權力之政治，此則便不復有其常，而只有其變。當只有其變時，則天下國家，亦即不復爲天下國家。這便是人道之窮，這便是性情之毀。由此而一反之於經，則九經之序，自無非是性情之序。於是由此以身爲起點，則一起一切起。由此而及於其家，及於其朝，及於其國，及於其天下，則又一成一切成。其「視群臣，猶吾四體，視百姓，猶吾子」，便自「以中國爲一人，以天下爲一家」。

當「一起一切起」及「一成一切成」，則身由道立，而道亦由身立。從而尊賢不惑，親親不怨，敬大臣不眩，則士之報禮重，百姓勸，財用足，這便四方歸之，天下畏之。這固無非是九經之效，亦無非是性情之效。

朱註云：

「此言九經之效也。道立，謂道成於己而可爲民表，所謂皇建其有極是也。不惑，謂不疑於理。不眩，謂不迷於事。敬大臣則信任專，而小臣不得以間之，故臨事而不眩也。來百工則通功易事，農末相資，故財用足。柔遠人，則天下之旅，皆悅而願出於其塗，故四方歸。懷諸侯，則德之所施者博，而威之所制者廣矣，故曰天下畏之。」

於此，由經儘可到權，而性情亦自有其大機大用。一到「德之所施者博，而威之所制者廣」，這便自然會「手握乾坤殺活機，縱橫施設在臨時」，不疑於理，不迷於事，財用足，四方歸，而天下畏。由此而「首出庶物」，則「萬國咸寧」。

* * *

一個人的身，亦是屬於自然界的身；於此而欲其身有其自然界之超越，以承其「天命之謂性」，而全其向上一機，便不能不有其敬，而「齊明盛服」；不能不有其禮，而「非禮不動」。由此勸賢，便必須「去讒遠色，賤貨貴德」，以求其精神之感通。親親則必須「尊其位，重其祿，同其好惡」，以求其性情之流注。勸大臣則必須「官盛任使」，以求其心靈之廣被。勸士則必須「忠信重祿」，以求其生命之安頓。勸百姓則必須「時使薄斂」，以求其生活之安排。由此而勸百工，則「日省月試，既稟稱事」，以技術為準。由此而柔遠人，則「送往迎來，嘉善而矜不能」，以情意為重。而懷諸侯，則「繼絕世，舉廢國，治亂持危，朝聘以時，厚往而薄來」，一本於道義，一本於大義。

朱註稱：

「此言九經之事也。官盛任使，謂官屬眾盛，足任使令也；蓋大臣不當親細事，故所以優之者如此。忠信重祿，謂待之誠而養之厚；蓋以身體之，而知其所賴乎上者如此也。既，讀曰餼。餼稟，稍食也。稱事，如周禮稿人職，曰「考其弓弩，以上下其食」是也。往則為之授節以送之，來則豐其委積以迎之。朝，為諸侯見於天子，聘，謂諸侯使大夫來獻。王制「比年一小聘，三年一大聘，五年一朝」。厚往薄來，謂燕賜厚而納貢薄。」

似此固為九經之事。然其事之至，則皆一本其性情之道而來。大臣以其性情之貞，而儘可行所無事，故不當親細事。群臣之至，亦自因其性情之感召而來，故得之誠而養之厚。於此而有其性情之交流，故往則為之授節以送之，來則豐其委積以迎之。由此而更有其性情之瀰漫，故「比年一小聘，三年一大聘，五年一朝」，而自然會「燕賜厚而納貢薄」。

既一本性情之道，便自一本性情之誠。此所以是：

「凡為天下國家有九經，所以行之者一也。」

於此朱註云：

「一者，誠也。一有不誠，則是九者皆爲虛文矣。此九經之實也。」

在這裏，惟誠則一，亦惟一則誠。一切由此打歸一路，一切亦由此通乎性情。如此由內心之極度的簡單化，便到達其內心之絕大的純一化。從而生命有其神智，而性情便只是無邪。此神智是至善，而即爲至一。此無邪是至眞，而即爲至誠。故「一有不誠」，則九經便只是九件事體，而全無精神之貫注其中。這便是多，是散，是雜，而不是純，不是一，因此「九者皆爲虛文矣」。此必有其一，有其誠，方有其九經之實。

＊　＊　＊

任何事體，總要豫先有一絕對的根據準備在那裏，才能有其形成的可能。一句一句的話，要有其大前提，才能夠顛撲不破或不跲。一件一件的事，要有其大前提，才能夠順利進行或不困。一種行爲，要先有其大原則，才能不致病於周旋或不疚。一種路數，要先有其大方向，才能不致疲於奔命或不窮。此之謂：

「凡事豫則立，不豫則廢。」

朱註稱：

「凡事，指達道達德九經之屬。豫，素定也。跲，躓也。疚，病也。此承上文，言凡事皆欲先立乎誠，如下文所推是也。」

此凡事皆欲先立乎誠，自然會就是豫先有一絕對的根據準備在那裏。在一切的人事上，舉凡達道達德九經之屬，其絕對的根據，會無非是性情。而一言及性情，就無非是誠。這實是從「天命之謂性」而一直下來的所有大前提中的大前提，所有大原則中的大原則，所有大方向中的大方向。這是第一前提，這是第一原則，這是第一方向。這亦即是第一義。於此，而能素定於中，這便把握著性情，把握著一切，而必可以立而不廢。

就個人而言，可以立而不廢；但在下位而欲其影響之達乎人人，以治天下之民，這自然就須得「獲乎上」。此「獲乎上」是一縱的關係。欲其縱的關係之密切聯結，自又須有其橫的關係之妥善安排。這就是所謂：

「不信乎朋友，不獲乎上矣。」

而所謂「橫的關係之妥善安排」，固無非是性情與性情間之妥善安排。於此若不順乎親，則又是性情有虧，而自「不信乎朋友」。惟順乎親，而不出乎性情之正，則反諸身不誠，終無以獲其親之心，以順乎親。於此，不能「以聲音笑貌爲之」，便必須誠身。誠身即身有其性情之誠，但於此而不眞了然於其本有之性情之善，以善善惡惡，終無以言乎道德之永續而不斷之實踐，而誠其身。此所以是：

「不明乎善，不誠乎身矣。」

朱註曰：

「此又以在下位者，推言素定之意。反諸身不誠，謂反求諸身而所存所發，未能眞實而無妄也。不明乎善，謂未能察於人心天命之本然，而眞知至善之所在也。」

於此，至善之所在，自然會是在於「天命之謂性」，自然會是在性情。能「察於人心天命之本然」，便即知性情之所在，即至善之所止。而至善之所止，便即「所存所發」，無一不「眞實而無妄」。這亦無非是歸諸性情。一歸諸性情。即反身而誠，讓一切素定於性情之中，而自有其莫大之性情之樂。

就「天命之謂性」而言，則「誠者」，「天之道也」。就性情而言，則「誠之者，人之道也」。於此，誠，儘有其超越性，又儘有其涵蓋性。這儘會是澈上澈下的。這又儘會是澈內澈外的。就其澈上和澈內處說，這儘會凸顯其絕對精神。就其澈下澈外處而言，這又儘會凸顯其客觀精神。所謂：

「誠者，不勉而中，不思而得，從容中道，聖人也。」

這便儘有其超越性，儘凸顯其絕對精神。所謂：

「誠之者，擇善而固執之者也。」

這便儘有其涵蓋性，這儘凸顯其客觀精神。

惟在性情之際，又終是一起一切起，一顯一切顯。當儘有其超越性之際，又立即儘有其涵蓋性；當凸顯其絕對精神之際，又立即凸顯其客觀精神。以此澈上便即澈下，澈內便即澈外。聖人於此合外內之道，這便使天道即同乎人道。

朱註云：

「此承上文誠身而言。誠者，眞實無妄之謂，天理之本然也。誠之者，未能眞實無妄，而欲其眞實無妄之謂，人事之當然也。聖人之德，渾然天理，眞實無妄，不待思勉而從容中道，則亦天之道也。未至於聖，則不能無人欲之私，而其爲德不能皆實。故未能不思而得，則必擇善，然後可以明善。未能不勉而中，則必固執，然後可以誠身。此則所謂人之道也。不思而得，生知也。不勉而中，安行也。擇善，學知以下之事。固執，利行以下之事也。」

在這裏，天理之本然，即性情之本然，此所以是「天命之謂性」。由此而眞實無妄，便自然是誠。由此而眞實無妄地實踐之，這便是所謂「誠之」。這亦儘會是一直下來的事，因而誠之者，亦儘會由此一直上去。不待思勉，而從容中道，這是覿體承當。擇善固執，以誠其身，這亦是當下即是。由前而言，那是由性情行，那是生知而安行。由後而言，那是歸諸性情，那是不斷地實踐。然由性情行，亦即歸諸性情。而歸諸性情，便終由性情行。到這裏，本體就是功夫，而功夫亦就是本體。其不斷實踐中的眞實無妄，固即為生知安行中的眞實無妄。

＊　＊　＊

有不斷實踐中的眞實無妄，則即：

「博學之，審問之，愼思之，明辨之，篤行之。」

這又是一直下來的事。學是性情之學，問是性情之問，思是性情之思，辨是性情之辨，而行亦只是性情之行，行乎天下。

於此朱註云：

「此誠之之目也。學問思辨，所以擇善而為知，學而知也。篤行，所以固執而為仁，利而行也。程子曰：『五者廢其一，非學也。』」

只因學是性情之學，所以就儘可以博。只因問是性情之問，所以就儘可以審。只因思是性情之思，所以就儘會是愼。只因辨是性情之辨，所以就儘會是明。從而只因行是性情之行，行於天下，所以就自然而然地篤，並篤實而有光輝，以大明於天下。

就這些都是誠之之目，固是事實。然「五者廢其一，非學也」，則亦正可見出這正是誠之之學，亦即誠之之教，亦即誠之之全。在這裏，儘可以由智到仁，在這裏，亦儘可以「以仁攝智」。

既是「誠之」之學，所以就必然會是：

「有弗學，學之弗能，弗措也。有弗問，問之弗知，弗措也。」

既是誠之之教，所以就必然會是：

「有弗思，思之弗得，弗措也。有弗辨，辨之弗明，弗措也。」

既是誠之之全，所以就必然會是：

「有弗行，行之弗篤，弗措也。」

在這裏，能是永續不斷的能，知是永續不斷的知，得是永續不斷的得，明是永續不斷的明，篤是永續不斷的篤。因此之故，便又必然會是：

「人一能之，己百之；人十能之，己千之。」

這是「誠之」之不能息，這是性情之不容已。

朱註於此稱：

「君子之學，不爲則已。爲則必要其成。故常百倍其功。此困而知，勉而行者也，勇之事也。」

此所謂「必要其成」，亦只不過必要其在永續不斷的實踐裏以求成。舉凡性情之厚者，必百倍其功；百倍其功，必百倍其勇。百倍其勇，必百倍其知。百倍其知，必百倍其仁。就能行所無事說，這是生知安行；而就「必有事焉」說，則正是困知勉行。性情之教，其所貴者，究仍在此困而知與勉而行處。只有在這裏，會更見其性情，會更見其心靈，會更見其生命，會更見其精神，而有其精神之無比的強度。說這是「勇之事」，實亦正可說：這是「強之事」。而強之之事，則正是明之之事。有其精神之無比之強度，即有精神之無比的明處。且只有此精神無比之明，方可以破除一切之無明，以成己成物。而所謂「必要其成」，則亦只能必要其在此等處，有多多少少的成就。但這也就夠了。此所以是：

「果能此道矣，雖愚必明，雖柔必強。」

朱註云：

「明者，擇善之功。強者，固執之效。呂氏曰：『君子所以學者，爲能變化氣質而已。德勝氣質，則愚者可進於明，柔者可進於強。不能勝之，則雖有志於學，亦愚不能明，柔不能立而已矣。蓋均善而無惡者，性也，人所同也。昏明強弱之稟不齊者，才也，人所異也。誠之者，所以反其同而變其異也。夫以不美之質，求變而美，非百倍其功，不足以致之。今以鹵莽滅裂之學，或作或輟，以變其不美之質，及不能變，則曰天質不美，非學所能變。是果於自棄，其爲不仁，甚矣。』」

於此「明者，擇善之功」，亦正是由誠之之學，而到來之「純之」之功。「強者，固執之效」，亦正是由誠之之教，而到來之「一之」之效。而所謂「變化氣質」，則又無非是由此「誠之」之全，而到達一「變化氣質」之雜，以使其偏不害其全之境。雜則不純，不純則不能歸於明，而其偏必害其全。雜則不一，不一則不能歸於強，而其偏亦必害其全。反之，若雜因誠之之學，而能永續不斷地加以簡單化，則化雜歸純，即明而不愚，而其偏即正所以成其全。若雜因誠之之教，而能永續不斷地予以簡單化，則化雜歸一，即強而不柔，而其偏亦正所以成其全。

既能由偏以成其全，則即所以成己，而又所以成物。此之謂「德勝氣質」，而其實則正是德成其氣質。

此德成其氣質，一方面是德成其氣質之純，而歸於性情之純；一方面是德成其氣質之一，而歸於性情之一。一言及才，即總不免有所偏，而偏向不同，便即所稟各異。惟此中之異，如有其純一之發展，亦正是所謂「多之爲美」。此中之不同，如有其純一之指歸，亦正是所謂「各正性命」。故反其同，亦只不過是反性情之貞。變其異，亦只不過是變其氣質之雜。如此，則誠之者，一方面固足以使此氣質，由偏以成其全。而另一方面，更可以進而以理生其氣，從而發展其個性，以形成更爲富有生命之歷史與文化，而爲天地生色，爲宇宙增光。此性情之道，所以為全仁之道。其至不仁者，則只是於此性情之際，「果於自棄」，以自陷於雜，以致成其「不美之質」而已。

朱子於此章之末附語云：

「此引孔子之言，以繼大舜文武周公之緒，明其所傳之一致，舉而措之，亦猶是耳。蓋包費隱，兼小大，以終十二章之意。章內語誠始詳。而所謂誠者，實此篇之樞紐也。又按：孔子家語，亦載此章，而其文尤詳。『成功一也』之下，有『公曰：子之言美矣，至矣，寡人實固，不足以成之也』。故其下復以『子曰』起答辭。今無此問辭，而猶有『子曰』二字。蓋子思刪其繁文以附於篇，而所刪有不盡者，今當為衍文也。『博學之』以下，家語無之，意彼有闕文，抑此或子思所補也歟？」

在這裏，我人知道：孟子是由四端以言性善，而中庸則是由「天命之謂性」，以言誠。由四端以言性善，那是人類對其一己應有之一根本的肯定。由「天命之謂性」，以言誠，那是人類進而對其一己之宇宙所應有之一根本的肯定。由此而誠之，則即所以繼大舜文武周公之緒。孔子之言，於此加以指點，便當下讓一切歸於大明之中。此所以是「天不生仲尼，萬古如長夜」。而「所謂誠者，實此篇之樞紐」，便益見此道之「包費隱，兼小大」。其中性情之教，自會是成就一切之教。

第五講　誠與明

（一）

自誠明，謂之性。自明誠，謂之教。誠則明矣，明則誠矣。

於此，「自誠明，謂之性」，便即是「天命之謂性」。「自明誠，謂之教」，便即是「修道之謂教」。而「誠則明矣，明則誠矣」，則只是「率性之謂道」。誠是全副性情之誠，亦正是整個宇宙之誠。明是全副性情之明，亦正是整個宇宙之明。只率此全副性情之誠，便即到整個宇宙之明。由此而有一切無明之破除。只率此全副性情之明，便即到整個宇宙之誠，由此而有一切事情之成立。在這裏，會儘有其一大通路，這就是所謂道。這是澈上的，又是澈下的。所以說天道，而人道亦在其中。這是澈內的，又是澈外的，所以說人道，而天道亦在其內。

朱註稱：

「自，由也。德無不實而明無不照者，聖人之德，所性而有者也。天道也。先明乎善，而後能實其善者，賢人之學，由教而入者也。人道也。誠則無不明矣，明則可以至於誠矣。」

在這裏，誠只是一，明只是純。有其無窮不斷的簡單化，到了極點，這便是一。有其無窮不斷的純一化，到了純處，這便是純。既誠一矣，便自純明。既純明矣，便自誠一。誠一則德無不實。純明則明無不照。聖人只是誠一，只是純明，天道亦只是誠一，只是純明。於此所性，便只是天性。純明則先明乎善，誠一則能實其善。賢人只是明善，只是實善。人道亦只是明善，只是實善。於此所由之教，自只是性情之教。一於天道，則誠無不明。純於人道，則明至於誠。於此而有其天道與人道之合一，亦於此而有天與人之合一。

（二一）

唯天下至誠，為能盡其性。能盡其性，則能盡人之性。能盡人之性，則能盡

物之性。能盡物之性，則可以贊天地之化育。可以贊天地之化育，則可以與天地參矣。

由「天命之謂性」而至於誠，即由「天命之謂性」而率其性。率性之謂道，而至誠亦正是至道。

能率其性情之道，即能盡其性情之貞。而能盡其性情之貞者，亦只有天下之至誠。此所以是：

「唯天下至誠，爲能盡其性。」

能盡其性情之貞，即能有其性情之誠。能有其性情之誠，即能有其性情之明。而一能有其性情之明，即足以破人世之無明，而盡人之性。此所以是：

「能盡其性，則能盡人之性。」

所謂「盡人之性」，自亦只是使人自盡其性情之明，以有其性情之誠，而歸於性情之貞。至此，因人性之明，自能盡物性之理；因人性之誠，自然（校案：疑爲「自能」）盡物性之實；因人性之貞；自能盡物性之用。此所以是：

「能盡人之性，則能盡物之性。」

所謂「盡物之性」，自是合物性之理，物性之實，物性之用而盡之。而所謂盡物性之理，實即是盡物性之原；所謂盡物性之實，實即是盡物性之本；所謂盡物性之用，實即是盡物性之化。到此，物性之原，會就是宇宙之原；物性之本，會就是乾坤之本；物性之化，會就是天地之化。此所以是：

「能盡物之性，則可以贊天地之化育。」

在這裏，天地之化育，是天地之生生化化。天地之生生化化，是天地之所以無窮無限。天地之無窮無限，亦正是天地之所以永續永恆。惟其無窮無限，所以至費而隱。惟其永續永恆，所以萬古常新。如此以率其性情之道，由天命之謂性而至於誠，由至於誠而存於己，由存於己而推於人，由推於人而及於物，由及於物而同於天地，這便自然會：

「可以與天地參矣。」

朱註云：

「天下至誠，謂聖人之德之實，天下莫能加也。盡其性者，德無不實，故無人欲之私。而天命之在我者，察之由之，巨細精粗，無毫髮之不盡也。人物之性，亦我之性，但以所賦形氣不同而有異耳。能盡之者，謂知之無不明而處之無不當也。贊，猶助也。與天地參，謂與天地並立爲三也。此自誠而明者之事也。」

於此，聖人之德之實，即聖人之於天下，以至於誠。既已至於誠，即天下莫能加。盡其性者，因此有其性情之貞，而又有其性情之誠，故「德無不實，故無人欲之私」。又因有其性情之誠，而自有其性情之明，故「天命之在我者，察之由之，巨細精粗，無毫髮之不盡」。我性之與人性，可推而得。人性之與物性，可及而知。故能盡之者，即可以是：

「知之無不明，處之無不當也。」

「既知之無不明，處之無不當」，則天地之化育，其所及於物，與其所加於人者，即可從而助其成，以成己而成物，達己而達人。如此以立乎天地之間，則頂天而立地，自會是：

「與天地並立為三也。」

凡此會無非是由「天命之謂性」，而一直下來的事，亦即是由誠而一直下來的事，所以說：

「此由誠而明者之事也。」

（三）

其次致曲。曲能有誠。誠則形，形則著，著則明，明則動，動則變，變則

化。唯天下至誠為能化。

「由天命之謂性」一直下來，由誠一直下來，這總會是落到無限和永恆，亦即由絕對落到絕對。故聖人總由此而凸顯其絕對精神。其贊天地之化育，是一個絕對精神。其與天地參，是一個絕對精神。這便只是天道。聖人之於天道，在這裏，自是合而爲一。此所以說：

「仲尼，天地也。」

然於此，由絕對落到相對，又由相對歸於絕對，而於無限中有其限定，於永恆中有其命數。這便不能不有其迴旋，這便不能不有其轉折。這是隨之而至的事，這亦是不能不有的事，此所以說：

「其次致曲。」

由此天道便落實而爲人道，而人道中，更儘有其天道，亦即相對中儘有其絕對，限定中儘有其無限，命數中儘有其永恆。於此轉折迴旋中，更終於又一直上去，而全其向上一機。此所以是：

「曲能有誠。」

到這裏，永恆中有了命數，便即形成了一般所謂「時間」；無限中有了限定，便即形成了一般所謂「空間」；絕對中有了相對，便即形成了一般所謂「個體」；一直下來中有了迴旋轉折，便形成了一般所謂「性情」。由此而萬象森然，亦由此而儘有其人道的莊嚴。彼「觀乎天地，則見聖人」之言，至此便不能不一轉而爲「觀乎聖人，則見天地」。此所以是：

「誠則形。」

一切形成了，從而又一切顯著了。時間有時間之相，空間有空間之相。個體有個體之實，性情有性情之善。天地有天地之美。此所以是：

「形則著。」

由此而透之，則透過時間之相，便是時間之流行。透過空間之相，便是空間之序列。透過個體之實，便是個體之堂堂。透過性情之善，便是性情之朗朗。透過天地之美，便是天地之光輝與光芒。到此，在時間之流行中，會儘有其明。在空間之序列中，會儘有其明。在個體之堂堂中，會儘有其明。在性情之朗朗中，會儘有其明。在天地之光輝與光芒裏，更會儘有其明。此所以是：

「著則明。」

由此而有其天下之文明。以天下之文明，破天下之無明，而鼓天下之動，這是道之動。

不以天下之文明，而任天下之無明，以鼓天下之動，這是物之動。從道之動，與夫道之動物而言，這是：

「明則動。」

而從道之動，終有以變乎物之動，以使無明終歸於文明而言，這就是：

「動則變。」

而當無明盡歸於文明，物之動全依乎道之動，以使天下歸於大明，萬物無非大化之際，這便是：

「變則化。」

凡此大明大化，固皆有一「誠」轉折迴旋其中，而全其向上一機，一直上去，終有所至，以爲天下之至誠，此所以是：

「唯天下之至誠，爲能化。」

而此所謂之「天下之至誠」，實亦無非是此性情之誠。此人道之全合其天道。

朱註於此章之後附語云：

「言人道也。」

其全章之註稱：

「其次，通大賢以下，凡誠有未至者而言也。致，推致也。曲，一偏也。形者，積中而發外。著，則又加顯矣。明，則又有光輝發越之盛也。動者，誠能動物。變者，物從而變。化，則有不知其所以然者。蓋人之性無不同，而氣則有異。故惟聖人能舉其性之全體而盡之。其次，則必自其善端發見之偏，而悉推致之，以各造其極也。曲無不致，則德無不實，而形、著、動、變之功自不能已，積而至於能化，則其至誠之妙，亦不異於聖人矣。」

所謂誠有未至，即非直下就是至誠。於此，致曲，便只是推致其「誠之」之誠。誠之於其性情之善端發見之偏，「而悉推致之」，便亦儘可以「各造其極」。先則「積中而發外」，次則「加顯」，又次則「有光輝發越之盛」。終則「誠能動物」。既能誠動乎物，則即「物從而變」。由此而進，則又儘可以有「不知其所以然」而然者，這便是「造其極」。造其極，即立其極。這亦即是在人道上，立人極。至誠所以立人極，致曲亦所以立人極。此乃因「曲無不致，則德無不實」之故。凡此德無不實，固皆為性情之誠。有其性情之誠，則即「形著動變之功，自不能已」。其「積而至於能化」，便即是至誠。於此，聖人之於天道，天道之於人道，三者合而為一。

（四）

至誠之道，可以前知。國家將興，必有禎祥。國家將亡，必有妖孽。見乎蓍龜，動乎四體，禍福將至，善必先知之，不善必先知之，故至誠如神。

既聖人之於天道，天道之於人道，三者合而為一，則由其至誠之道，自可有其至明之理。而有其至明之理，則即有其前知之實。這其實亦只不過是由性情之誠，到性情之明；再由性情之明，到性情之感。更由性情之感，到性情之應。此所以是：

「至誠之道，可以前知。」

由此而在性情之感應上，便自然會有其自然之感應。此即：

「國家將興，必有禎祥；國家將亡，必有妖孽。」

而一有其自然之感應，便又立即會有其人事上之感應。此所以是：

「見乎蓍龜，動乎四體。禍福將至，善必先知之，不善必先知之。」

到這裏，至誠之妙，自是難言。性情之際，自是難言。由此，前知之知，會即是一絕對之知，會即是一全知。感應之能，會即是一絕對之能，會即是一全能。全知無所不知，全能無所不能。此所以是：

「至誠如神。」

而其實，亦只不過是全副性情，全副精神，由此而見其整個心靈，整個生命。故日：「如神。」

朱註稱此章爲：

「言天道也。」

於此，天道中，自儘有其人道，自儘有其性情之道。而此「如神」之教，亦自儘會是性情之教。

朱註此章云：

「禎祥者，福之兆。妖孽者，禍之萌。蓍，所以筮。龜，所以卜。四體，謂動作威儀之間，如執玉高卑，其容俯仰之類。凡此皆理之先見者也。然唯誠之至極，而無一毫私僞留於心目之間者，乃能有以察其幾焉。神，謂鬼神。」

在這裏，人能「無一毫」之「私」，即所以去其無限中之限定之限，而歸於無限；亦即所以破其形氣之限，而通於一切。人能無一毫之「僞」，即所以安其永恆中之命數之命，而繫於永恆。亦即所以有其慧命之續，而聯於一切。以此之故，自然之禎祥，方可因一己之通於一切，而反成爲一己之福之兆；自然之妖孽，方可因一己而聯於一切，而反繫乎一己之禍之萌。而筮卜亦儘有其筮卜可通之理，動作威儀之間，亦儘有其動作威儀之間可聯之徵。於是性情之貞，一轉而爲天人之感；性情之幾，一轉而爲天人之應。誠之至極，便自動天地，而至於鬼神。

（五）

誠者自成也，而道自道也。誠者物之終始，不誠無物。是故君子誠之為貴。誠者非自成己而已也，所以成物也。成己，仁也；成物，知也。性之德也，合外內之道也。故時措之宜也。

誠是性情之自成其誠。道是性情之自道其道。只因爲是性情之自誠其誠，所以才會是「率性之謂道」。只因爲是性情之自道其道，所以才會是「修道之謂教」。而在這裏，所謂自成其誠，自道其道，又會只是天命。此所以是「天命之謂性」，並由此而直下。既是直下之誠，所以就當下自成，故曰：

「誠者，自成也。」

既是直下之道，所以就當下自道，故曰：

「而道，自道也。」

朱子註云：

「言誠者，物之所以自成。而道者，人之所當自行也。誠以心言，本也。道以理言，用也。」

在這裏，物之所以自誠，實因其性情之自成其誠，而儘有其性情之誠。人之所當自行，實因其性情之自道其道，而儘有其性情之道，性情之誠，是性情之靈，故誠以心言。性情之道，是性情之理，故道以理言。由此誠是自誠，所以是本。道是自行，所以是用。

既誠是因其性情之自成其誠，而儘有其性情之誠，以致物之所以自誠，則誠其始，即誠其終，而誠其終，亦即誠其始，故曰：

「誠者，物之終始。」

於此，誠之澈始澈終，澈頭澈尾，亦正由其澈上澈下，澈內澈外。是以誠之消失，便即為澈底空虛。故曰：

「不誠無物。」

就性情言，無其性情之誠，即無其性情之明；無其性情之明，即無其性情之理；無其性情之理，即無其性情之實。如此，性情不顯，則物之所以為物者，亦即不復存在。此所以是「不誠無物」。

君子於此，本其性情之教，自有其性情之道。本其性情之道，自有其性情之實。本其性情之實，自有其性情之理。本其性情之理，自有其性情之明。本其性情之明，自有其性情之誠。如此復歸於「天命之謂性」，而儘有其天人之合一，此所以是：

「是故君子誠之為貴。」

朱註云：

「天下之物，皆實理之所為。故必得是理，然後有是物。所得之理既盡，則是物亦盡而無有矣。故人之心一有不實，則雖有所為亦如無有。而君子必以誠為貴也。蓋人之心能無不實，乃為有以自成，而道之在我者亦無不行矣。」

舉凡由「天命之謂性」，一直下來，到性情之誠，到性情之明，到性情之理，到性情之實，這都是實理。天下之物，自無非是此實理之所為。物既不能離此實理，君子之心，又如何能「有不實」？「君子誠之為貴」，正君子之所以「必以誠為貴」之處。而君子之必以誠為貴，亦正君子之所以為「誠之為貴」之處。如此心無不實，便即有以自成。而於其所當自行之道，亦即無不行之處。

於此，有以自成，是成己。於其所當自行之道，而無不行，這便是成物。成己，是成就其一己性情之誠，而歸於至誠。成物，是成就其一己性情之明，而歸於實理。由成就其一己性情之誠，便自然會到成就其一己性情之明，從而成己以成物，使至誠及於實理。此所以是：

「誠者，非自成己而已也，所以成物也。」

如此成己，即有其內心之絕對均衡，即有其內心之絕對諧和。這便是仁。如此成物，即有其宇宙之絕對變化裏的統一，即有其宇宙之絕對統一裏的變化。這便是「知」。

似此之仁，實亦無非是由「天命之謂性」而一直下來的性情之誠。似此之知，實亦無非是由「天命之謂性」而一直下來的性情之明。此所以是：

「性之德也。」

在這裏，性之德，由內心之絕對均衡，絕對諧和，到宇宙之絕對變化裏的統一，和絕對統一裏的變化；又由宇宙之絕對變化裏的統一而有之一大秩序，和絕對統一裏的變化而來的萬般條理，再到內心之絕對均衡，絕對諧和。如此澈上澈下，澈內澈外，又澈下澈上，澈外澈內。這裏會儘有其一絕大之通路。此所以是：

「合外內之道也。」

既合外內之道，則由「天命之謂性」而一直下來之性情之誠，即無片刻之不誠；由「天命之謂性」而一直下來之性情之明，亦即無瞬息之不明。以此及於一切，即無不是恆常，無不是中；亦無不是大用，無不是宜。此所以是：

「故時措之宜也。」

朱註云：

「誠雖所以成己，然既有以自成，則自然及物，而道亦行於彼矣。仁者，體之存。知者，用之發。是皆吾性之固有，而無內外之殊。既得於己，則見於事者，以時措之，而皆得其宜也。」

當知內心之絕對均衡，絕對諧和，會固然是此性情之所存。而宇宙之一大秩序，萬般條理，亦無非是此性情之所發。以此而「無內外之殊」，便即「皆吾性之固有」。既皆爲吾性情之所固有，則「見於事者」，便即皆爲吾性情中之事。以仁而時措之，固得其宜；以知而時措之，亦得其宜。此所以是「皆得其宜」。

（六）

故至誠無息。不息則久，久則徵，徵則悠遠，悠遠則博厚，博厚則高明。博厚，所以載物也。高明，所以覆物也。悠久，所以成物也。博厚配地，高明配天，悠久無疆。如此者，不見而章，不動而變，無為而成。天地之道，可一言而盡也：其為物不貳，則其生物不測。天地之道，博也厚也，高也明也，悠也久也。今夫天，斯昭昭之多，及其無窮也，日月星辰繫焉，萬物覆焉。今夫地，一撮土之多，及其廣厚，載華嶽而不重，振河海而不洩，萬物載焉。今夫山，一卷石之多，及其廣大，草木生之，禽獸居之，寶藏興焉。今夫水，一勺之多，及其不測，黿鼉、蛟龍、魚鱉生焉，貨財殖焉。

《詩》云：「維天之命，於穆不已。」蓋曰天之所以為天也。「於乎不顯，文王之德之純。」蓋曰：文王之所以為文也，純亦不已。

性情之道，歸於至誠，而至誠則正是一個無窮無盡的過程，因亦正是一個永續永恆的過程。於此而「息」，則一切虛空，一切斷滅，而天地亦即不復爲天地，性情亦不復爲性情，此所以是：

「至誠無息。」

朱註稱：

「既無虛假，自無間斷。」

無虛假，便即歸永恆。無間斷，便即歸無限。一歸於永恆和無限，便即歸於至誠。

而一歸於至誠，便即不復能息。只不息，就是亙古長存。此所以是：

「不息則久。」

只亙古長存，就當下顯現。此所以是：

「久則徵。」

朱註云：

「久，常於中也。徵，驗於外也。」

在這裏，常於性情之中，便自亙古長存。發於性情之用，便自當下外顯。而由當下外顯，到亙古長存，這便自然悠遠。此所以是：

「徵則悠遠。」

由此而涵蓋一切，這便是所謂「博厚」。由此而超越一切，這便是所謂「高明」。惟必須由當下外顯，到亙古長存而涵蓋一切，方是性情之博厚；亦必須由涵蓋一切，到超越一切，方是性情之高明。此所以是：

「悠遠則博厚，博厚則高明。」

於此朱註云：

「此皆以其驗於外者言之。鄭氏所謂至誠之德，著於四方者是也。存諸中者既久，則驗於外者，益悠遠而無窮矣。悠遠，故其積也，廣博而深厚。博厚，故其發也，高大而光明。」

要知：存諸中，便是性情之藏，這正是所謂以此洗心退藏於密。而其積，便自然會是「廣博而深厚」。驗於外，便是性情之行，這正是所謂「放之則彌六合」，而其發，便自然會「高大而光明」。於此至誠之德，正是性情之德。

＊　＊　＊

有博厚之性情之德，即有其持載萬物之功。有高明之性情之德，即有其被覆萬物之能。有悠遠久徵而不息之性情之德，即有其成就萬物之實。此所以是：

「博厚所以載物也，高明所以覆物也，悠久所以成物也。」

朱註云：

「悠久，即悠遠，兼內外而言之也。本以悠遠致高厚，而高厚又悠久也。此言聖人與天地同用。」

由不息，久徵，悠遠，而博厚，高明。復由高明，博厚，而悠遠，久徵，不息。此所以是「本以悠遠致高厚，而高厚又悠久也」。在這裏，不息，會是聖人的「無息」，亦會是天地的無息。故聖人與天地，可以同用。此即同其性情之用以自強，又同其性情之用以行健。

聖人以載物，覆物，成物而自強。天地以載物，覆物，成物而行健。博厚是性情之博厚，而同乎地。高明是性情之高明，而同乎天。悠久是性情之悠久，而同乎無疆。此所以是：

「博厚配地，高明配天，悠久無疆。」

朱註云：

「此言聖人與天地同體。」

就「自強不息」與「天行健」言，聖人之與天地，正同其性情，此所以是同體。既是同其性情，既是同體，則在性情之際上說，在體上說，自會是：

「不見而章，不動而變，無爲而成。」

於此朱註云：

「見，猶示也。不見而章，以配地而言也。不動而變，以配天而言也。無為而成，以無疆而言也。」

不見而章，正所以見其博厚，見其性情之博厚，見其體之博厚，此所以是「以配地而言」。

不動而變，正所以見其高明，見其性情之高明，見其體之高明。此所以「以配天而言」。

無為而成，正所以見其悠久，見其性情之悠久，見其體之悠久。此所以「以無疆而言」。

在這裏，就性情之際而言，就體而言，會都是無息，會都是一，會都是簡單化到極點。此所以是：「天地之道，可一言而盡也。其為物不貳，則其生物不測。」

朱註稱：

「此以下，復以天地明至誠無息之功用。天地之道，可一言而盡，不過曰誠而已。不貳，所以誠也。誠故不息，而生物之多，有莫知其所以然者。」

因性情之見諸善行，故善行亦儘可說明本體。善行是人類的善行，本體是宇宙的本體。性情之道，行乎其間，便天地之道，一言而盡。於此簡單化到極點，便只是一，一便是誠，誠故不息。不息則生。於此不貳，則生之又生，便自然會「生物之多，有莫知其所以然者」。到這裏，是一善之流行，就是一理之流行。是一理之流行，就是一氣之流行。而一氣之流行，又無非是博厚，無非是高明，無非是悠久。此所以是：

「天地之道，博也，厚也，高也，明也，悠也，久也。」

朱註於此稱：

「言天地之道，誠一不貳，故能各極其盛，而有下文生物之功。」

於此，一善之流行，是誠一不貳；一理之流行，是誠一不貳；一氣之流行，是誠一不貳。

* * *

由一善之流行，落實而為一理之流行；更由一理之流行，落實而為一氣之流行；則此一氣之流行，便亦即有其至誠無息之功用。本此功用，則由「昭昭之多」，到「日月星辰繫焉，萬物覆焉」，便是天；由「一撮土之多」，到「載華嶽而不重，振河海而不洩，萬物載焉」，便是地；由「一卷石之多」，到「草木生之，禽獸居之，寶藏興焉」，便是山；由「一勺之多」，到「黿鼉蛟龍魚鱉生焉，貨財殖焉」，便是水。於此，「及其無窮」，是一氣流行之誠一不貳；「及其廣厚」，是一氣流行之誠一不貳；「及其廣大」，是一氣流行之誠一不貳：「及其不測」，亦是一氣流行之誠一不貳。而在此一氣流行之誠一不貳中，又一轉而爲一理流行之誠一不貳，更一轉而爲一善流行之誠一不貳。

朱註於此稱：

「昭昭，猶耿耿，小明也。此指其一處而言之。及其無窮，猶十二章及其至也之意。蓋舉全體而言也。振，收也。卷，區也。此四條皆以發明由其不貳不息，以致盛大而能生物之意。然天地山川，實非由積累而後大。讀者不以辭害意，可也。」

在這裏，由「積累而後大」，則大亦只是息，只是貳。而天地之所以爲天地之大，則是由其一，由其無息。山川之所以爲山川之大，亦只是由其一，由其不息。凡此，指其一處而言，是一氣流行之誠一不貳，是一理流行之誠一不貳，是一善流行之誠一不貳。舉全體而言，亦是一氣流行之誠一不貳，一理流行之誠一不貳，一善流行之誠一不貳。這會只是無對，這會只是無待。無對之大，即爲無待而大，故亦無「待積累而後大」。且一待積累而後大，便不復是絕對的，亦不復是超越的。

《詩經．周頌．維天之命》篇所稱：

「維天之命，於穆不已。」

這便是就絕對超越處說。只有從絕對處，從超越處說，方可以見出「天之所以爲天」，正由於此「維天之命，於穆不已」。在這裏，由「維天之命，於穆不已」而落實下來，便即是「天命之謂性」，而儘有其至誠，儘有其無息，儘有其大明，儘有其昭著，儘有其顯。文王於此，覿體承當，此所以是：

「於乎不顯，文王之德之純。」

惟此文王之德之純，既直承「維天之命，於穆不已」，則其純自亦是：

「純亦不已。」

到此，便一切是無對無待。「於穆不已」，是無對無待。「純亦不已」，亦是無對無待。天與人，是無對無待。天道與人道，亦是無對無待。而天之所以爲天，亦正是文王之所以爲文王。在這裏，亦是無對無待。

朱註載：

「於，嘆辭。穆，深遠也。不顯，猶言豈不顯也。純，純一不雜也。引此以明至誠無息之意。程子曰：『天道不已，文王純於天道，亦不已。純則無二無雜，不已則無間斷先後。』」

至誠則無對。無息則無待。無對則天與人，合而爲一。無待，則天與人，俱屬不已。如此，便只是純，只是無二無雜。如此，便只是不已，只是無間斷先後。如此，便又只是明，只是誠，誠是至誠，明是純明。由此而誠之於天下，便即大明於天下，而天下更無非是誠，更無非是明。誠於事事物物之內，即明於事事物物之中，達於事事物物之表。明儒羅近溪當人問及中庸之誠與明時，正在吃點心。因即說道：只此吃點心，就是誠與明。蓋誠與明，固皆不在事事物物之外。

第六講　聖人與聖道

（一）

大哉聖人之道，洋洋乎發育萬物，峻極於天。優優大哉，禮儀三百，威儀三千。待其人而後行。故曰：苟不至德，至道不凝焉。故君子尊德性而道問學，致廣大而盡精微，極高明而道中庸。溫故而知新，敦厚以崇禮。是故居上不驕，為下不倍。國有道，其言足以興；國無道，其默足以容。《詩》曰：「既明且哲，以保其身。」其此之謂與？

這是聖人於此而立其人極。聖人以其性情之道，見之於事事物物，便發之於事事物物，萬物便無不在其興發作育之中，亦無不在其涵蓋撫育之下，而上同於天。此所以是：

「洋洋乎發育萬物，竣極於天。」

朱註云：

「峻，高大也。此言道之極於至大而無外也。」

「由天命之謂性」，而一直下來，所以至高。惟其至高，所以極於至大。「由率性之謂道」，而一直行去，所以至遠。惟其至遠，所以極於無外。

更由此而一一納之於性情之中，便只見其：

「優優大哉。」

從而「修道之謂教」，使教爲性情之教，這便成：

「禮儀三百，威儀三千。」

朱註稱：

「優優，充足有餘之意。禮儀，經禮也。威儀，曲禮也。此言道之入於至小而無間也。」

在這裏，禮儀三百，會亦就是風姿萬狀：威儀三千，會亦就是氣象萬千。性情之所過者化，自可入於至小。性情之所存者神，自可入於無間。

而凡此性情之教，固全在性情之際，而行於性情之人，以有其性情之事。此所以是：

「待其人而後行。」

有其人，即有其性情。有其性情，即有其性情之德。而一有其性情之至德，即成就其性情之至道，而「竣極於天」，而「優優大哉」。此所以是：

「苟不至德，至道不凝焉。」

朱註云：

「至德，謂其人。至道，指上兩節而言也。凝，聚也，成也。」

聖人以其性情之至德，以成就其性情之至道，而使道因性情而大，這正是以人宏道。然由性情之至道，更見性情之至德，且待其人而後行，這又是道立人極。於此而澈內澈外，這便是：

「尊德性而道問學。」

於此，而澈始澈終，這便是：

「致廣大而盡精微。」

於此，而澈上澈下，這便是：

「極高明而道中庸。」

於此，而澈古澈今，這便是：

「溫故而知新。」

於此，而澈乎天人，這便是：

「敦厚以崇禮。」

朱註云：

「尊者，恭敬奉持之意。德性者，吾所受於天之正理。道，由也。溫，猶燖溫之溫，謂故學之矣，復時習之也。敦，加厚也。尊德性，所以存心而極乎道體之大也。道問學，所以致知而盡乎道體之細也。二者修德凝道之大端也。不以一毫私意自蔽，不以一毫私欲自累，涵泳乎其所已知，敦篤乎其所已能，此皆存心之屬也。析理則不使有毫釐之差，處事則不使有過不及之謬，理義則日知其所未知，節文則日謹其所未謹，此皆致知之屬也。蓋非存心無以致知，而存心者又不可以不致知。故此五句，大小相資，首尾相應。聖賢所示入德之方，莫詳於此，學者宜盡心焉。」

這只是德尊而道大。惟道既大，而德亦尊。性情之所存，即心之所存。而心之所存，即德之所以尊。性情之所至，即知之所致。而知之所致，即道之所以大。到此，尊德性，固所以使德尊。而致廣大，亦所以使德尊。極高明，亦所以使德尊。溫故與敦厚，亦皆所以使德尊。道問學，固所以使道大。而盡精微，亦所以使道大。道中庸，亦所以使道大。知新與崇禮，亦皆所以使道大。由德尊道大，而修德凝道，則一方面，「不以一毫私意自蔽，不以一毫私欲自累，涵泳乎其所已知，敦篤乎其所已能」，而又一方面，「析理則不使有毫釐之差，處事則不使有過不及之謬，理義則日知其所未知，節文則日謹其所未謹」，便只是內外之交養，從而「大小相資，首尾相應」，便立其人極，並成其性情之圓教。

在性情之圓教下，每個人成己成物，那是儘會有其成就。只不過在對一切的關聯上，還更會有其成全，從而成全了自己，又成全了上上下下，並成全了家國天下。在這裏，所謂：

「居上不驕，爲下不倍。」

那就儘會是成全了上上下下。所謂：

「國有道，其言足以興。」

那就儘會是成全了一個國家，又進而儘可以成全著一個天下。而所謂：

「國無道，其默足以容。」

則亦儘可以成全著自己。

朱註云：

「興，謂興起在位也。」

於此能興起在位，又能成全一己，這自然會有如《詩經・大雅・烝民》之篇所載之言：

「既明且哲，以保其身。」

（二）

子曰：「愚而好自用，賤而好自專，生乎今之世，反古之道，如此者，災及其身者也。」非天子，不議禮，不制度，不考文。今天下，車同軌，書同文，行同倫。雖有其位，苟無其德，不敢作禮樂焉。雖有其德，苟無其位，亦不敢作禮樂焉。子曰：「吾說夏禮，杞不足徵也。吾學殷禮，有宋存焉。吾學周禮，今用之，吾從周。」

在性情之圓教下，會成全了一切，而一切亦因之成全。其無法因之成全者，第一是：

「愚而好自用。」

愚可以在性情之圓教下，有其成全之道。好自用，亦可以在性情之圓教下，有其成全之道。只不過「愚而好自用」，則根本失其性情，因而在性情之圓教下，即無法成全之。這亦是無可如何。其次是：

「賤而好自專。」

賤可以在性情之圓教下，有其成全之道。好自專，亦可以在性情之圓教下，有其成全之道。只不過「賤而好自專」，則根本無其性情，因而在性情之圓教，即不能成全之。這更是無可如何。

「愚而好自用」，是由於愚而不知其愚。「賤而好自專」，亦是由於賤而不知其賤。愚而不自知其愚，因必亦不自知其時。賤而不自知其賤，因必亦不自知其世。如此，則「生乎今之世，反古之道」，故亦必爲此不自知其時與世之義，而好自用自專之人。這便更爲性情之圓教，所絕難成全。此所以是

「烖及其身者也。」

朱註云：

「反，復也。」

在性情之圓教下，總須得肯定一切，因此肯定「古」，亦須肯定「今」。而不自知其時與世之義，只好自用自專者，則只是否定，終必至於純否定，故亦否定其自己，而災及其身。

在性情之圓教下，禮樂之成全是第一義，必如此，方可一方面有其整個生命的安頓，一

方面又可有其全副性情之安排。然於此，以言成全禮樂，而從事整個生命之安頓，則必須有其位。於此，以言成全禮樂，而從事全副性情之安排，則更須有其德。而僅就必須有其位以言，那便是：

「非天子，不議禮，不考文。」

朱註云：

「禮，親疏貴賤相接之體也。度，品制。文，書名。」

然議此親疏貴賤相接之禮，制此品制，考此書名，雖屬天子之事，惟仍有待於天下之有其一大秩序之建立，此則必須：

「車同軌，書同文，行同倫。」

朱註云：

「軌，轍跡之度。倫，次序之體。三者皆同，言天下一統也。」

然天下一統之後，以言制禮作樂，而使天下在性情之圓教下，有其整個生命之安頓，同時又有其全副性情之安排，固須有其天子之位，但仍須有其天子之德，始足以勝其任。這是人類的第一使命。這是在性情之圓教下，由「禮樂的成全是第一義」而來的第一使命。若未能有其天子之德，即不足以言此第一使命。此所以是：

「雖有其位，苟無其德，不敢作禮樂焉。」

一有其德，又有其位，便只會有其使命感。而在其只是使命感中，則由「天命之謂性」，一直下來，為天子者，便必以此禮樂之成全，為其第一使命。故即「敢作禮樂」。惟若僅有其德，而無其位，則有其德，固儘會有其使命感，然無其位，便不能不有其命運感。而一有其命運感，則對禮樂之制作，即不能不有其無可奈何之處。此所以是：

「雖有其德，苟無其位，亦不敢作禮樂焉。」

這只是不敢，這不是不能。有其位無其德之不敢制作，是不符其使命之不敢。有其德無其位之不敢制作，是安於其命運之不敢。於此，正所以見聖人之心。

朱註稱：

「鄭氏曰：『言作禮樂者，必聖人在天子之位。』」

在這裏，便透出了在性情的圓教下，會儘有其政治上的第一理想，以符合其第一使命，而成全其第一義。此即是聖王之治。在聖王之治下，德與位合一，眞理與權力合一，性情與政事合一，這即是純理性的政治。而反乎此者，則任何政治的名目，任何政治上的設施，其所成全的，都會只是所謂「政治的神話」。只不過，在這裏，如何能使聖者為王，又如何能使王者為聖，以使禮樂有其眞正之成全，這在全人類的歷史中，都會是未能眞正解決的政治上的第一問題。

惟在我們的性情之圓教下，這雖是未能眞正解決的政治上的第一問題，但亦未始沒有其接近解決之道。這便是憑藉著「學禮」、「從周」而形成的一大歷史與文化的傳統，以使人爲歷史與文化的動物，進而使人爲性情中人，事爲性情中事，終當使聖近於王，王近於聖，而政治亦即由之而逐漸接近於一純理性的政治，以斷然刪除其神話之色彩。此孔子之所以說：

「吾說夏禮，杞不足徵也。吾學殷禮，有宋存焉。吾學周禮，今用之，吾從周。」

朱註於此稱：

「此又引孔子之言。杞，夏之後。徵，證也。宋，殷之後。三代之禮，孔子皆嘗學之而能言其意。但夏禮既不可考證。殷禮雖存，又非當世之法。惟周禮乃時王之制，今日所用。孔子既不得位，則從周而已。」

只此便是尊重一大歷史與文化之傳統，又尊重當今之時與「生乎今之世」之時義。由從其時義，而貫通一大歷史與文化之傳統，這便雖無其位，卻儘能有其一種風氣之形成。聖人於此，乘時而興發一切，樹立一切，並成全一切，這便爲聖之時者。

（三）

王天下有三重焉，其寡過矣乎？上焉者雖善無徵，無徵不信，不信民弗從。下焉者雖善不尊，不尊不信，不信民弗從。故君子之道，本諸身，徵諸庶民，考諸三王而不繆，建諸天地而不悖，質諸鬼神而無疑，百世以俟聖人而不惑。質諸鬼神而無疑，知天也。百世以俟聖人而不惑，知人也。是故君子動而世為天下道，行而世為天下法，言而世為天下則。遠之則有望，近之則不厭。《詩》曰：「在彼無惡，在此無射，庶幾夙夜，以永終譽。」君子未有不如此而蚤有譽於天下者也。

於此，聖人之王天下，會有其禮樂之成全。有其禮樂之成全，即有其整個生命之安頓與夫整個性情之安排。如此，則所謂「中庸不可能也」，便儘有其可能，而人人亦儘得以因之而寡過。此所以是：

「王天下有三重焉，其寡過矣乎？」

朱註稱：

「呂氏曰：『三重，謂議禮，制度，考文。惟天子得以行之。則國不異政，家不殊俗，而人得寡過矣。』」

在這裏，國不異政，家不殊俗，便人人有其政治之常軌，又有其生活的常軌，即此便是為生民立命。只為生民立命，就儘足以為天地立心。必須天地立心，而人始得寡過。亦必人得寡過，萬世始得開其太平。

在性情之圓教下，在中庸之道下，由寡過而到一切的善行，便必有其徵驗，亦必有其尊崇。由此而信於天下，便即王於天下，民自從之。若非如此，那便是：

「上焉者雖善無徵，無徵不信，不信民弗從。下焉者雖善不尊，不尊不信，不信民弗從。」

於此朱註云：

「上焉者，謂時王以前，如夏商之禮雖善，而皆不可考。下焉者，謂聖人在下，如孔子雖善於禮，而不在尊位也。」

時王以前，善無其徵驗，「而皆不可考」，這便不顯其德。聖人在下，善有其尊崇，「而不在尊位」，這便難有其尊。似此德位之不一，自是「不信」、「弗從」之所由來。而以言聖王之治，則儘有其君子之道。此君子之道，是中庸之道，亦正是性情之道，是聖人之道，亦正是聖王之道。此即以爲：

「故君子之道，本諸身，徵諸庶民，考諸三王而不繆，建諸天地而不悖，質諸鬼神而無疑，百世以俟聖人而不惑。」

朱註於此云：

「此君子，指王天下者而言。其道，即議禮，制度，考文之事也。本諸身，有其德也。徵諸庶民，驗其所信從也。建，立也。立於此而參於彼也。天地者，道也。鬼神者，造化之跡也。百世以俟聖人而不惑，所謂聖人復起，不易吾言者也。」

此由聖人而至於聖王，便即以其性情之德，通於庶民，通於三王，通於天地，通於鬼神。而「前聖後聖，其揆一也」，因亦通乎百世之聖人而斷然無惑。以此德而議禮，制度，考文，自可驗其信從於庶民，而考三王爲不繆。自可立其常軌於天地，而爲造化之神跡。此則聖人復起，亦同此說。性情之圓教至此，自當有其圓滿無缺之實現。

當一有其圓滿無缺之實現，則由「天命之謂性」而下，知性即所以知天；由「仁者人也」而下，知仁即所以知人。到此便只是明明在上，故「質諸鬼神而無疑」。到此，便只是清明在躬，故「百世以俟聖人而不惑」。

朱註稱：

「知天知人，知其理也。」

於此，無疑於性之理，即知性知天。不惑於仁之理，即知仁知人。而到一切只是無疑，只是不惑之際，這便自然會：

「動而世爲天下道，行而世爲天下法，言而世爲天下則。」

於此，便又只是常。道是常道，法是常法，則是常則。動歸於常道，即世爲天下道。行納於常法，即世爲天下法。言循於常則，即世爲天下則。如此便又自然會：

「遠之則有望，近之則不厭。」

朱註稱：

「動，兼言行而言，道，兼法則而言。法，法度也。則，準則也。」

動兼言行，言行是人道之樞機。道兼法則，法則是人道之軌範。於此而有人道之常。當人道之常，一轉而成爲天道之常時，則所謂「遠之則有望，近之則不厭」，便即成爲天地。惟天，方是「遠之則有望」。惟地，方是「近之則不厭」，而人則惟聖人，方是如此。

《詩經・周頌・振鷺》之篇稱：

「在彼無惡，在此無射；庶幾夙夜，以永終譽。」

只「遠之則有望」，便是「在彼無惡」。只「近之則不厭」，便是「在此無射」。如此，「庶幾夙夜」，便歸於永恆。「以永終譽」，便歸於不朽。

朱註云：

「射，厭也，所謂此者，指本諸身以下六事而言。」

在這裏，本諸身以下六事，在聖人之性情的圓教下，無非是一永恆和不朽之事。只因無非是一永恆和不朽之事，所以君子如此，便即「蚤有譽於天下」。

（四）

仲尼祖述堯舜，憲章文武，上律天時，下襲水土。辟如天地之無不持載，無不覆幬。辟如四時之錯行，如日月之代明。萬物並育而不相害，道並行而不相悖，小德川流，大德敦化。此天地之所以為大也。

天地之所以爲大，正是聖人之所以爲大，此則爲：

「觀乎天地，則見聖人。」

只不過聖人之所以爲大，更正是天地之所以爲大。此程伊川之所以於揚雄之言，要下一如下之轉語：

「不然，觀乎聖人，則見天地。」

於此，在性情之圓教下，合人道與天道而一之，那便是：

「仲尼祖述堯舜，憲章文武，上律天時，下襲水土。」

朱註稱：

「祖述者，遠宗其道。憲章者，近守其法。律天時者，法其自然之運。襲水土者，因其一定之理。皆兼內外該本末而言也。」

就這樣，便使仲尼成了聖人，又成了天地。他遠宗堯舜之道，他便心遊邃古。他近守文武之法，他便一念萬年。他因天之自然之運，他便當下就是永恆。他因地之一定之理，他便當下就是無限。

以此之故，他便是：

「辟如天地之無不持載，無不覆幬。辟如四時之錯行。如日月之代明。」

朱註云：

「錯，猶迭也。此言聖人之德。」

由聖人之德而言，那自然會一方面是明明在上，一方面又是清明在躬，那是澈底的明朗，那是絕對的光輝。天地之明，會是因之而明。天地之光，會是因之而有。此所以宋人對孔子會有如下的話：

「天不生仲尼，萬古如長夜。」

現既已天生仲尼，這便不復會是「萬古如長夜」。既萬古不復如長夜，則在性情之圓教下，便儘會有其絕大無比而永恆永存之光芒，以使：

「萬物並育而不相害，道並行而不相悖。小德川流，大德敦化。」

在此朱註云：

「悖，猶背也。天覆地載，萬物並育於其間而不相害。四時日月，錯行代明而不相悖。所以不害不悖者，小德之川流。所以並育併行者，大德之敦化。小德者，全體之分。大德者，萬殊之本。川流者，如川之流，脈絡分明而往不息也。敦化者，敦厚其化，根本盛大而出無窮也。此言天地之道，以見上文取辟之意也。」

到這裏，言天地之道，便即是言聖人之道。天地之川流，正聖道之「脈絡分明」。天地之敦化，正聖道之根本盛大。由此而往不息，則小德亦終歸於大德。由此而出無窮，則大德亦不遺其小德。而當小德亦終歸於大德之時，便自「萬物並育而不相害」；當大德亦不遺其小德之際，便自「道並行而不相悖」。由此「天何言哉」？聖人亦自無語。由此「天下何思何慮」？而聖人亦自「毋意、毋必、毋固、毋我」。聖人之於天地，固已是一。則天道之與聖道，自必非二。「此天地之所以爲大」，此正是聖人之所以爲大。

（五）

唯天下至聖，為能聰明睿知，足以有臨也。寬裕溫柔，足以有容也。發強剛毅，足以有執也。齊莊中正，足以有敬也。文理密察，足以有別也。溥博淵泉，而時出之。溥博如天，淵泉如淵，見而民莫不敬，言而民莫不信，行而民莫不悅。是以聲名洋溢乎中國，施及蠻貊，舟車所至，人力所通，天之所覆，地之所載，日月所照，霜露所隊，凡有血氣者，莫不尊親。故曰配天。

說聖人配天，那是人道之上合於天道。然當人道之上合於天道時，天道則更全合於人道，如此，人道便即是天道，聖人便即是天地。

到這裏，聖人之臨，便即是天地之臨；聖人之容，便即是天地之容；聖人之執，便即是天地之執；聖人之敬，便即是天地之敬；聖人之別，便即是天地之別。

惟天地之臨，是明明在上之臨。此在聖人，便即直上而爲：

「聰明睿知，足以有臨。」

惟天地之容，是「何思何慮」之容。此在聖人，便即直下而爲：

「寬裕溫柔，足以有容。」

惟天地之執，是「雷雨之動滿盈」之執。此在聖人，便即直入而爲：

「發強剛毅，足以有執。」

惟天地之敬，是「兼山艮止」之敬。此在聖人，便即直內而爲：

「齊莊中正，足以有敬。」

惟天地之別，是「有物有則」之別。此在聖人，便即直達而爲：

「文理密察，足以有別。」

於此，朱註云：

「聰明睿知，生知之質。臨，謂居上而臨下也。其下四者，乃仁義禮知之德。文，文章也。理，條理也。密，詳細也。察，明辨也。」

我在我所著的《中國文化大義》一書裏，曾說：

「在文理密察足以有別裏，目前科學家的精神，儘可發揮。在發強剛毅足以有執裏，目前企業家的精神，儘可發展。在齊莊中正足以有敬裏，目前宗教家的精神，儘可發揚。在寬裕溫柔足以有容裏，目前藝術家的精神，儘可發舒。在聰明睿知足以有臨裏，目前哲學家的精神，儘可發露。」

只不過這其間的距離是太大了。由目前科學家的精神，到「文理密察，足以有別」，那儘會「不知其幾千萬里」。由目前企業家的精神，到「發強剛毅，足以有執」，那儘會不知其幾千萬里。而由目前宗教家的精神，到「齊莊中正，足以有敬」，雖云不致十分遙遠，但仍是路途迢迢。至於由目前所謂藝術家和哲學家的精神，到達「寬裕溫柔，足以有容」，和到達「聰明睿知，足以有臨」的地步，則更是由深淵以達於天際，其距離是無法計出的。在這裏，生知之質，固可不論，而仁義禮知之德，則正所以填補目前時代之一切精神上的眞空。必有以濟人道之窮，方有以免天道之變。必有以免天道之變，方有以求聖人之臨。從而有聖人與天地之容，以有其仁；有聖人與天地之執，以有其義；有聖人與天地之敬，以有其禮；有聖人與天地之別，以有其智。而亦必有此仁義禮智之實，方有以濟人道之窮。如此，便必然要逼出一性情之教，以明聖人之心。

就聖人之心，而言聖人之德，那便自然會：

「溥博淵泉，而時出之。」

朱註稱：

「溥博，周遍而廣闊也。淵泉，靜深而有本也。出，發見也。言五者之德，充積於中，而以時發見於外也。」

聖人之足以有臨，會如天之臨，這便自然是周遍。聖人之足以有容，會如天之容，這便自然是廣闊。聖人之足以有執，會如天之執，這便自然會有本。聖人之足以有敬和足以有別，會如天之敬，如天之別，這便自然會靜深。如此「以時發見於外」，便成聖人如天的性情之圓教。

既聖人如天，性情之圓教亦如天，則上所謂之周遍而廣闊，自亦如天。而其深靜而有本，則自然如淵。在這裏，便分明立一人極於天淵之間，儘可以令「有目可見」者敬，令「有耳可聞」者信，並令有心能「會」者，「莫不說」之。此所以會是：

「溥博如天，淵泉如淵，見而民莫不敬，言而民莫不信，行而民莫不說。」

朱註稱此爲：

「言其充積極其盛，而發見當其可也。」

此充積於其性情之中，能極其盛；則發見於天淵之間，自當其可。如此，便又必然是：

「是以聲名洋溢乎中國，施及蠻貊，舟車所至，人力所通，天之所覆，地之所載，日月所照，霜露所隊，凡有血氣者，莫不尊親。故曰配天。」

朱註稱此爲：

「舟車所至以下，蓋極言之。配天，言其德之所及，廣大如天也。」

由「天命之謂性，率性之謂道，修道之謂教」而言，則在性情之教上，性情之所及，即「其德之所及」。其德之所及，既廣大如天，則「聲名洋溢乎中國」，便自以「中國爲一人」。「施及蠻貊」，便自以「天下爲一家」。而「舟車所至，人力所通，天之所覆，地之所載，日月所照，霜露所隊，凡有血氣者，莫不尊親」，便自以「天地萬物爲一體」。

朱註於此章附語云：

「承上章而言小德川流，亦天道也。」

此所謂小德之川流，實即天道之遍在。有天道之遍在，便即有人道之至尊。

第七講　聖道與性情之教

（一）

惟天下至誠，為能經綸天下之大經，立天下之大本，知天地之化育，夫焉有所倚？肫肫其仁，淵淵其淵，浩浩其天！苟不固聰明聖知達天德者，其孰能知之？

說聖人是天地，則聖道爲人道之至尊，便亦即爲天道之極則。到此，天下之至誠，便亦儘會是天道之極則。而聖道則即爲至誠。

只此天下之至誠，方能作其一切之骨幹。而一有此一切之骨幹，方能有其一切之建構。此所以是：

「能經綸天下之大經。」

只此天下之至誠，方可讓一切有其眞正之出發點。而一有此一切之眞正的出發點，則即可以形成一切之絕對的本根。此所以是：

「立天下之大本。」

只此天下之至誠，方有其對一切之通透。而一有其對一切之通透，則即可於天地之化育，有其深深之默契，而朗然於中，不須有任何之聞見。此所以是：

「知天地之化育。」

凡此作成一切之骨幹，以建構一切；形成一切之出發點，以建基一切；並有其對一切之通透，而直默契於天地之化育；固皆爲直上直下，直前直後，直左直右，而亙古亙今。此只是「天命之謂性」。此在性情之際，只是如此。以此而成性情之圓教，此所以是：

「夫焉有所倚？」

朱註於此稱：

「經綸，皆治絲之事。經者，理其緒而分之；綸者，比其類而合之也。經，常也。大經者，五品之人倫。大本者，所性之全體也。惟聖人之德極誠無妄，故於人倫各盡其當然之實，而皆可以爲天下後世法，所謂經綸之也。其於所性之全體，無一毫人欲之僞以雜之，而天下之道千變萬化皆由此出，所謂立之也。其於天地之化育，則亦其極誠無妄者有默契焉，非但聞見之知而已。此皆至誠無妄，自然之功用，夫豈有所倚著於物而後能哉？」

就人道上言，「五品之人倫」，自是一絕大的骨幹。聖人乃人倫之至，故於人倫，自「各盡其當然之實，而皆可以爲天下後世法」。

就人道上言，「所性之全體」，自是一絕對的本根。聖人於此一任天理之流行，故「無一毫人欲之僞以雜之」，而讓天下之道，「皆由此出」，便即皆由此立。

惟至誠，始無妄。惟無妄，始有自然之功。惟有自然之功，始無「所倚著於物」。惟無所倚著於物，始有其天地化育之無窮，而見其精神之實體，亦即無限而永恆永在之獨體。

此無限而永恆永在之獨體，會就是：

「肫肫其仁，淵淵其淵，浩浩其天。」

朱註云：

「肫肫，懇至貌，以經綸而言也。淵淵，靜深貌，以立本而言也。浩浩，廣大貌，以知化而言也。其淵其天，則非特如之而已。」

在這裏，肫肫其仁，是一個基準。由此而內之，便淵淵其淵；由此而上之，便浩浩其天。聖人於此，只是懇至。這懇至是一個無窮無盡的懇至。有無窮無盡的懇至，便自靜深；

這靜深是一個無所底止的靜深。有無窮無盡的懇至，便自廣大；這廣大是一個無其邊際的廣大。

以此之故，就聖人的本身而言，會只是懇至，只是肫肫。而近之，則只見其靜深，只見其淵淵；望之，則只見其廣大，只見其浩浩。

懇至而肫肫，是其性情之仁，這是性德。靜深而淵淵，是其性情之淵，這是性海。廣大而浩浩，是其性情之天，這是性天。於此，性德無窮無盡。性海無邊無涯，性天無限無際。到這裏，就只好說其仁，其淵，其天。而一有其仁之肫肫，便即有其淵之淵淵，便即有其天之浩浩。此所以說：

「其淵其天，則非特如之而已。」

就人道言，聖人之德，會是「溥博如天，淵泉如淵」。就人道之即爲天道言，則聖道之仁，便是「淵淵其淵，浩浩其天」。到這裏，其仁之肫肫，自當爲由「經綸天下之大經」，而必有之肫肫；其淵之淵淵，自當爲由「立天下之大本」，而必有之淵淵；其天之浩浩，自當爲由「知天地之化育」，而必有之浩浩。而能深悉此肫肫，深悉此淵淵，深悉此浩浩，亦只有以此肫肫而悉之，以此淵淵而悉之，以此浩浩而悉之，此所以是：

「苟不固聰明聖知，達天德者，其孰能知之？」

朱註引鄭氏之言曰：

「唯聖人能知聖人也。」

這其實是性情接觸著性情，性情通透著性情，性情參悟著性情。惟性情之肫肫，始能接觸著性情之仁，以成性德。惟性情之淵淵，始能通透著性情之淵，以爲性海。惟性情之浩浩，始能參悟著性情之天，以顯性天。

朱註於此章附語云：

「承上章而言大德之敦化，亦天道也。前章言至聖之德，此章言至誠之道。然至誠之道，非至聖不能知；至聖之德，非至誠不能爲；則亦非二物矣。此篇言聖人天道之極致，至此而無以加矣。」

此所以爲性情之圓教。在這裏，會只是「大德之敦化」，會只是至聖之德，會只是至誠之道。只因即人道，即天道，所以至誠之道，非至聖不能知。只因即天道，即人道，所以至聖之德，非至誠不能爲。然於此性情之際，則又於不能知者，人人能知；於不能爲者，又人人能爲。此則「言聖人天道之極致，至此而無以加」。此所以爲性情上之一絕對圓成之教。

（二）

《詩》曰：「衣錦尚絅。」惡其文之著也。故君子之道，闇然而日章。小人之道，的然而日亡。君子之道，淡而不厭，簡而文，溫而理，知遠之近，知風之自，知微之顯，可與入德矣。《詩》云：「潛雖伏矣，亦孔之昭。」故君子內省不疚，無惡於志。君子之所不可及者，其唯人之所不見乎？《詩》云：「相在爾室，尚不愧于屋漏。」故君子不動而敬，不言而信。《詩》曰：「奏假無言，時靡有爭。」是故君子不賞而民勸，不怒而民威於鈇鉞。《詩》曰：「不顯惟德，百辟其刑之。」是故君子篤恭而天下平。《詩》云：「予懷明德，不大聲以色。」子曰：「聲色之於以化民，末也。」《詩》曰：「德輶如毛。」毛猶有倫。「上天之載，無聲無臭」，至矣。

這只是由不斷而恆常的簡單化，和不斷而恆常的純一化，到達一絕對的超越的境界。《詩經・國風》有「衣錦尚絅」之句，這會是一絕大性情的含藏，所以才會：「惡其文之著也。」

既會是惡其文之著，則一切便內之於性情之中，而歸之於性情之庸。此所以是：

「君子之道，闇然而日章。」

有其不斷而恆常之簡單化，便自會在性情之際，只是闇然。有其不斷而恆常之純一化，便自會在性情之際，只是朗然。此由闇然而朗然，是由闇然以終古，而又實居於無窮無盡的光芒之中。此所以是：

「君子之道，淡而不厭，簡而文，溫而理。」

在性情之際，一切平平，所以只是淡。在性情之際，一切安安，所以又只是不厭。在性情之際，「沖漠無朕」，所以只是簡。在性情之際，「萬象森然」，所以又只是文。

在性情之際，心血一片，所以只是溫。在性情之際，頭緒萬端，所以又只是理。

由此而更有其步步的簡單化，這便會：

「知遠之近。」

由此而更有其層層的純一化，這便會：

「知風之自。」

由此而更一切內之於性情之中，而歸之於性情之庸，這便會：

「知微之顯。」

由此而形成一絕大而圓滿之性情之教，這便會：

「可與入德矣。」

朱註於此稱：

「前章言聖人之德，極其盛矣。此復自下學立心之始言之。而下文又推之以至其極也。《詩・國風》衛〈碩人〉，鄭之〈丰〉，皆作『衣錦褧衣』，褧，絅同，禪衣也。尚，加也。古之學者為己。故其立心如此。尚絅，故闇然。衣錦，故有日章之實。淡、簡、溫，絅之襲於外也。不厭而文且理焉，錦之美在中也。小人反是，則暴於外，而無實以繼之，是以的然而日亡也。遠之近，見於彼者由於此也。風之自，著乎外者本乎內也。微之顯，有諸內者形諸外也。有為己之心，而又知此三者，則知所謹，而可入德矣。故下文引詩言謹獨之事。」

在性情之際，當下就是無限，當下就是永恆。此所以說「遠之近，見於彼者，由於此也」。

在性情之際，「一念萬年，心遊邃古」；在性情之際，「囫地一聲，泰山失足」。此所謂「風之自，著乎外者，本乎內也」。

在性情之際，「逝者如斯夫，不捨晝夜」。在性情之際「原泉混混，盈科而後進」。在性情之際，「滄溟幾萬里，山泉不盈尺，到海觀會同，乾坤誰眼碧」？（白沙句）。此所謂「微之顯，有諸內者，形諸外也」。

新約載耶穌之問，說是有誰知道風從哪裏來，又向哪裏去。此在我們，則不僅知風之自，且知遠之近，與夫微之顯。這都是性情之功。此所以是：

「有爲己之心，而又知此三者，則知所謹，而可入德矣。」

而所謂入德，實亦只是「淡簡溫」，有如「絅之襲於外」，以有其簡單化到極點；實亦是「不厭而文且理」，有如「錦之美在中」，以有其純一化到極點。

只有如此，那便會有如《詩經・小雅・正月》之篇之所云：

「潛雖伏矣，亦孔之昭。」

只簡單化到極點，這便會「天地變化」。只純一化到極點，這便會「草木繁昌」。只「以此洗心退藏於密」，這便會「雷雨之動滿盈」，而儘有其乾坤之大明，和整個宇宙之光明透徹。此性情之潛，雖似潛龍之伏，然當其發，正可乘六龍以御天，故只是孔昭。到這裏便自會是：

「君子內省不疚，無惡於志。」

於此，而儘有其一世的回頭轉腦，便大可「復其見天地之心」。自是「無惡於志」。當其在性情之際，爲所獨見者，則必爲人所不見。於此，「守道而人不知，性也」（顏含語），而內省爲人所不見，即正是情。似此之性，自無非是「天命之謂性」。似此之情，自無非是「致中和，天地位焉，萬物育焉」之情。這如何可及？此所以是：

「君子之所不可及者，其唯人之所不見乎？」

朱註云：

「承上文言『莫見乎隱，莫顯乎微』也。疚，病也。無惡於志，猶言無愧於心。此君子謹獨之事也。」

於此，謹其所獨，會是謹其獨有之精神之實體，亦會是謹其所獨見之無限而永恆永在之獨體。如此無愧於心，即其心同於天地，通於今古。並從而正有如《詩經．大雅．抑》之篇所云：

「相在爾室，尚不愧於屋漏。」

朱註稱此爲：

「相，視也。屋漏，室西北隅也。」

既不愧於心，又不愧於屋漏，則其心光，自必「被於四表」，而凝然不動，亦使人慄然；其性天，自必「人人仰之」，而天雖不言，亦使人了然。此所以是：

「君子不動而敬，不言而信。」

朱註云：

「承上文又言君子之戒謹恐懼，無時不然，不待言動而後敬信，則其爲己之功益加密矣。故下文引詩並言其效。」

這功，是性情上一大收斂之功。這效，是精神上一大凝聚之效。有爲其一己性情上一大收斂之功，便即「上下與天地同流」。有爲其一己精神上一大凝聚之效，便即俯仰與古今爲一。這便只是簡單化，只是敬。這便只是純一化，只是信。從而只是戒謹，只是恐懼，只是無言，只是不動，而自然曠達，自然坦蕩，自然從容，自然洒脫。並因而自然通透，自然和易，自然中道，自然同流。更自然會一如《詩經・商頌・烈祖》之篇之所云：

「奏假無言，時靡有爭。」

到這裏，有爲其一己性情上之一大收斂之功，便即有爲其天地間全副性情上之一大收斂之功；有爲其一己精神上之大凝聚之效，便即有爲其宇宙內整個精神上之一大凝聚之效。這便又自然會是：

「君子不賞而民勸，不怒而民威於鈇鉞。」

朱註於此云：

「承上文而遂及其效，言進而感格於神明之際，極其誠敬，無有言說而人自化之也。威，畏也。鈇，莝斫刀也。鉞，斧也。」

只由於此誠敬對神明之感格，便即觸及了全宇宙之心靈。只由於觸及了全宇宙之心靈，便即安頓了所有有情之生命。而人既有情，則即無待言說，亦必自化。既是自化，便自無跡。既是無跡，便自無形。無形則不顯，而不顯又自頓然作成了一切的準循。這頓然作成了一切的準循者，就是德，就是那性情之德。此《詩經．周頌．烈文》之篇，所以有如下之詩：

「不顯惟德，百辟其刑之。」

這只是簡單化到了極點，這只是無邪，這只是不顯，所以這便即是至實，這便即是至眞。

這只是純一化到了極點，這只是誠至，這只是靜極，所以這便即感格神明，這便即生了神智。

惟其是至眞至實，所以便至玄至妙。惟其有神智神明，所以便神感神應。

因此之故，本此誠敬，以對上蒼；更本其性情，以臨天下，這便自然會：

「君子篤恭而天下平。」

朱註云：

「此借引以爲幽深玄遠之意。承上文言天子有不顯之德，而諸侯法之，則其德愈深，而效愈遠矣。篤，厚也。篤恭，言不顯其敬也。篤恭而天下平，乃聖人至德淵微，自然之應，中庸之極功也。」

在這裏，一到篤恭而天下平，這便是一草一木，皆得其所。但這亦只不過是各本性情，這亦只不過是各正性命。既各本其性情，便無非是中和，既各正其性命，便無非是中庸。中庸之「德愈深」，則中和之「效愈遠」。而愈有其中和之遠效，則愈有其「中庸之極功」。在這裏，會只是淵微，會只是自然之應。由此而更有其不斷而恆常之簡單化，與夫不斷而恆常之純一化，這便必然會到達一絕對而超越之境界。

到這裏，那便是《詩經・大雅・皇矣》之篇所云：

「予懷明德，不大聲以色。」

然此，猶只是「不大聲以色」，究仍不足以語此明德之絕對而超越之境界。「不能以色身見如來」，自亦不便以聲色化眾庶。此孔子之所以說：

「聲色之於以化民，末也。」

凡德之明，總必須全歸於性情，而使一草一木，一椽一石，皆有以見其性情，而眞獲得其絕對的均衡，眞獲得其絕對的諧和，以明明在上，而又明通一切，方是大明。此所以蒸民之詩，又有詩云：

「德輶如毛。」

只不過在性情之圓教上，在聖道上，在聖德上，大明之明，終不在其有若何峻絕之光芒。而一有其峻絕之光芒，那便又會是：

「毛猶有倫。」

這就會不是平平。要知明明在上，是平平；明通一切，是平平。由此大明於天下，只是平平；由此清明在躬，亦只是平平。這平平之相，會就是中庸之相。這平平之致，會就是中和之致。以此之故，這平平之際，更會就是性情之際；這平平之境，更會就是超越之境。而只是平平，便即只是一絕對而超越之境。到此，聖人與聖道，便簡單化到只是一點。到此，聖人與聖道，便純一化到無跡可尋。但這「只是一點」，又正是那不斷而恆常的一點。而這「無跡可尋」，則正是那無限而永恆的密藏。由「天命之謂性」，而一直下來，自只是「一點」。由「率性之謂道」，而又一直上去，自又只好密藏。由「修道之謂教」，而澈上澈下，自更只有平平。此平平之教，是致中和之教，亦正是中庸之教。而當一切以性情爲依歸之際，自更爲一性情之教。在這裏，一有其在性情上之絕對的圓成，即有其在心靈上的絕對圓滿；一有其在心靈上的絕對圓滿，即有其在生命上的絕對超拔；一有其在生命上的絕對超拔，即有其在精神上的絕對超越；一有其在精神上的絕對超越，即有其在上天之載上的絕無聲臭。此所以說：

「上天之載，無聲無臭，至矣。」

於此朱註稱：

「《詩・大雅・皇矣》之篇，引之以明上文所謂不顯之德者，正以其不大聲與色也。又引孔子之言，以爲聲色乃化民之末務，今但言不大之而已，則猶有聲色者存，是未足以形容不顯之妙。不若烝民之詩所言『德輶如毛』，則庶乎可以形容矣。而又自以爲謂之毛，則猶有可比者，是亦未盡其妙。不若文王之詩所言『上天之載，無聲無臭』，然後乃爲不顯之至耳。蓋聲臭有氣無形，在物最爲微妙，而猶曰無之，故唯此可以形容不顯篤恭之妙。非此德之外，又別有是三等，然後爲至也。」

這亦只是層層的上昇，這亦只是步步的超越。在性情之際，簡單化到無聲無臭，便是在上天之載純一化到無聲無臭。而性情之教，到此亦圓成化到無聲無臭。

朱註於此章附語稱：

「子思因前章極致之言，反求其本，復自下學爲己謹獨之事，推而言之，以馴致乎篤恭而天下平之盛。又贊其妙，至於無聲無臭而後已焉。蓋舉一篇之要而約言之，其反復丁寧示人之意，至深切矣。學者其可不盡心乎？」

學者果眞能盡心於此聖道與性情之教，則自必如子程子於此書之首，所附之語云：

「其書始言一理，中散爲萬事，末復合爲一理，放之則彌六合，卷之則退藏於密，其味無窮，皆實學也。善讀者，玩索而有得焉，則終身用之，有不能盡者矣。」

王陽明《傳習錄》載：

「澄問學庸異同。先生曰：子思括大學一書之義，於中庸首章。」

按宋明儒者之教人，特提《大學》與《中庸》，自當有其至深且切之意義。而於此「玩索有得」，便即是有得於性情之際。此則自會是「終身用之，有不能盡者矣」。

就《中庸》首章之直從「天命之謂性」以立言，似此於超越處言性，及書內所提「今天下車同軌，書同文，行同倫」之句等處，而細味之，則書中作者，是否爲一人，抑或爲一時所成，自亦有須研究之點。惟善讀者眞能知「其書始言一理，中散爲萬事，末復合爲一理」，並知其首章，已「括大學一書之義」，實亦足夠。若從而更知其「放之則彌六合，卷之則退藏於密」之密意，且知「其味無窮，皆實學也」，則於聖道與性情之教，便即儘有其所得，而「超以象外，得其圜中」。

要知在「篤恭而天下平」裏，見其性情；又能在「無聲無臭」裏，見其性情；這自會見性情之至。而一有其性情之至，便即會儘有其智慧之全，更儘有其魄力之大。到這裏，凡是小模小樣者，自不足以讀中庸。

陽明《傳習錄》又載：

「澄在鴻臚寺倉居，忽家信至，言兒病危。澄心甚憂悶不能堪。先生曰：『此時正宜用功。若此時放過，閒時講學何用？人正要在此等時磨練。』」

當兒病危時如此，當國家民族病危時，又將如何？且當天下後世病危時，又將如何？若於此時不致放過，則於聖人之道之大，會必有所知；若於此時不致放過，則於性情之教之圓，亦自然會必有所知。

第八講　儒家思想之血脈——中庸上下篇通講

（編校案：此講原非屬先生《中庸講義》，而爲先生晚期《儒家思想——性情之教》中之一篇，因可互相對照發明，故一併附於此。）

（一）中庸要義

天命之謂性，可以說：人性，或人之性命，或人的存在，是由天的命令而來。亦可以說：人性，或人之性命，或人的存在，是由天命一直下來。

孟子說：「盡其心者，知其性也。知其性，則知天矣。」至何以能盡心，知性，知天？則正因此「天命之謂性」。又《傳習錄》載王陽明之語云：

「澄問《學》、《庸》異同，先生（陽明）曰：子思括《大學》一書之義，於《中庸》

首章。」

於此《大學》一書之義是：大學之道，在明明德，在親民，在止於至善。又在「知止而后有定，定而后能靜，靜而后能安，安而后能慮，慮而后能得」。更在「物格而后知至，知至而后意誠，意誠而后心正，心正而后身修，身修而后家齊，家齊而后國治，國治而后天下平」等等。此與《中庸》首章相對照，則所謂「修道之謂教」，正是如此。而「致中和，天地位焉，萬物育焉」，則較之「安而后能慮，慮而后能得」，與夫「平天下」之義，又進一層。又《大學》之「所謂誠其意者，毋自欺也，如惡惡臭，如好好色，此之謂自謙。故君子必愼其獨也」等，與《中庸》之「莫見乎隱，莫顯乎微，故君子愼其獨也」之義，亦初無二致。惟《中庸》於此，又更進而言「誠者，天之道也。誠之者，人之道也」等等，則更以「誠」概括天道與人道，而爲澈上澈下之道，自更有其無窮不盡之義蘊。但此義蘊在《中庸》第二十章以後，始加以發揮。因此之故，《中庸》一書，實不妨由此以分上下二篇：此即《中庸》首章第十九章止，爲上篇，自二十章至末章，爲下篇。上篇以下列各章爲內容：

（1）致中和章；

（2）中庸章；

（3）民鮮能久章；

（4）過與不及章；
（5）道其不行章；
（6）舜其大知章；
（7）擇乎中庸章；
（8）拳拳服膺章；
（9）中庸不可能章；
（10）強哉矯章；
（11）依乎中庸章；
（12）察乎中庸章；
（13）道不遠人章；
（14）素位而行章；
（15）君子之道章；
（16）鬼神之爲德章；
（17）舜其大孝章；
（18）文王無憂章；

（19）敬其所尊，愛其所親章；

下篇以下列各章爲內容：

（1）哀公問政章；
（2）誠明章；
（3）至誠章；
（4）致曲章；
（5）至誠如神章；
（6）自成自道章；
（7）至誠無息章；
（8）聖人之道章；
（9）吾從周章；
（10）其寡過矣章；
（11）大德敦化章；
（12）配天章；
（13）大經大本章；

（14）無聲無臭章；

以上共三十三章，計上篇十九章，其主旨都放在中和與中庸方面，實可以「中和」名篇。下篇凡十四章，其主旨則在此誠，而可以「誠」名篇。

一般說來，在四書之中，《大學》一書之重點在言「知本」，而《中庸》一書之重點，則在言「誠」。《二程遺書・第十一卷》載程明道先生語云：

「至誠可以贊天地之化育，則可以與天地參者，參，參贊之義，先天而天弗違，後天而奉天時之謂也。非謂贊助。只有一個誠，何助之有？」

關於《論語》、《孟子》二書，則正如象山所云：

「夫子以仁發明斯道，其言渾無罅縫，孟子十字打開，更無隱遁。」

於此，知本至誠，正所以至於仁，至於道，至於化，至於神。一切更十字打開，而「天地位焉，萬物育焉」，自在其中。象山自謂其學，直接孟子之傳，如非確有所得於孟子之「十字打開」，自難出此語句。至於朱子之《大學補傳》，自亦是筆掃千軍，至爲不易。惟王陽明之復《大學》古本，則終使《大學》一書之義，更易括之爲《中庸》首章。《中庸》之「自誠明謂之性，自明誠謂之教，誠則明矣，明則誠矣」，並由此而至《中庸》之末句，即：

「上天之載，無聲無臭，至矣。」

同時於二十六章，更明言「故至誠無息」；又於其前一章內，明言「不誠無物」。此在王陽明之《詠良知》詩中，亦有句云：

「無聲無臭獨知時，此是乾坤萬有基；抛卻自家無盡藏，沿門托鉢效貧兒。」

《大學》、《中庸》二書的關鍵語，都是要「愼獨」。這「獨」，就是獨體，亦正是「獨知時」。至於「無盡藏」，則正如程明道先生所云：

「只有一個誠。」

（二）《中庸》上篇——中和

《中庸》上編，以中和與中庸爲主旨，亦正爲兩個眼目。關於中和，朱子曾苦參其義。並註云：「喜怒哀樂，情也。其未發則性也。無所偏倚，故謂之中，發皆中節，情之正也。無所乖戾，故謂之和……」。此與其註《中庸》謂：「中者不偏不倚，無過不及之名；庸，平常也。」並無不同。而與其所引用子程子曰：「不偏之謂中，不易之謂庸」，亦無若何之差異。

實則，「喜怒哀樂之未發謂之中，發而皆中節謂之和」。會只是說：喜怒哀樂之未發，亦可謂之中；而發而中節，則亦可謂之和。此只是一個人之內心的均衡，以及一個人的生命之諧和。至若致中和之極，前正如明道先生所云：

「維天之命，於穆不已，不其忠乎？天地變化，草木蕃，不其恕乎？」

於此，可由忠而中，亦可由中而忠，此是天下之大本，亦正是天下之大德。同樣，於此可由恕而和，亦可由和而恕。此是天下之達德，亦正是天下之達道。那會是由內心之均衡，到宇宙之均衡。那會是由生命的和諧，到乾坤之諧和。這便自然會天地位，萬物育。由此，性情之人生，性情之人間，與夫性情之天地，性情之宇宙，便只是一直上去，又一直下來。此使性情之安排，或情志之安頓，便自然會亭亭當當，而只是一個中，亦只是一個和；此便只是一個中庸。庸是常，是平常，是不易，亦是用，是安排，是安頓。此所以說：

「君子之中庸也，君子而時中。」

此分明是：中和即是中庸，中庸即是時中，而時中即只是一個中，只是一個和，在此，朱子之註云：「君子之所以爲中庸者，以其有君子之德，而又能隨時以處中也。」實則，隨時以處中，便即隨時以處和，而隨時有其中和之德，以成其所以爲中庸，亦即所以爲君子。

關於中庸之與中和，據朱子稱：

「變和言庸者，游氏（游酢）曰：以性情言之，則曰中和，以德行言之，則曰中庸，是也。然中庸之中，實兼中和之義。」

實則，中庸以德行言，亦未始不以性情言；而中和以性情言，亦正是以德行言。於此中和之德，實即是忠恕之德，亦即是仁德，亦即是象山所云：「夫子以仁發明斯道，其言渾無罅縫。」而《中庸》則正如「孟子十字打開，更無隱遁」，此所以在《中庸》上編之第二章後，朱子更註之云：

「此下十章，皆論中庸，以釋首章之義，文雖不屬，而意實相承也。」

於此，中庸之中，乃是體。中庸之庸，乃是用。此用是以和爲用，以常爲用，以不易爲用，並以平常爲用，或亦可姑謂之爲有如以後之禪家，以「平常心爲道」。由是中庸之德，一方面是亭亭當當，一方面是平平常常。以至無可名言，即用即體，即相即體，即體即相；而又即相即用，即體即用。此是中體大用，亦正是大中大和，或只是一個中，而「保合太和」。有如乾卦所稱：

「乾道變化，各正性命，保合太和，乃利貞，首出庶物，萬國咸寧。」

此則正是整個生命之生態均衡與整個宇宙之生態平衡。此是中體，亦正是乾體或主體，此是中道，亦正是乾道，或仁道。《易。繫辭》中有語稱：

「天地設位，而易行乎其中。」

此所謂「易行乎其中」，亦正是人行乎其中，或只是「中」行乎其中，或只是「仁」行乎其中，或只是天命流行乎其中，或只是性情行事乎於其中。

《大學》、《中庸》、《論語》、《孟子》四書之刊行，在一一九〇年由朱子所成。朱子註此四書，歷時幾近三十年，心力盡瘁於此。他在三十四歲時寫《論語要義》，四十三歲復著《論語正義》，五年後，更撰成《論語集註》及《孟子集註》，六十歲時，朱子始寫就《大學或問》及《中庸或問》，臨死時又在病床改訂《大學》第六章〈誠意篇〉。眞可謂「朝聞道，夕死可矣」。使天再假之以年，說不定關於《中庸》以至《孟子》之註，又會有若干改訂，亦未可知。尤其是關於中體及中道之處。

（1）

「天命之謂性，率性之謂道，修道之謂教。道也者，不可須臾離也；可離非道也。是故君子戒愼乎其所不睹，恐懼乎其所不聞。莫見乎隱，莫顯乎微，故君子愼其獨也。喜怒哀樂之未發謂之中，發而皆中節謂之和。中也者，天下之大本也；和也者，天下之達道也。致中和，天地位焉，萬物育焉。」

在此一章，朱子附語云：

「右第一章，子思述所傳之意以立言，首明道之本原出於天，而不可易；其實體備於己，而不可離。次言存養省察之要。終言聖神功化之極。蓋欲學者於此，反求諸身而自得之，以去夫外誘之私，而充其本然之善。楊氏所謂一篇之體要是也。其下十章，蓋子思引夫子之言，以終此章之義。」

此使「天命之謂性」，是本性，亦正是天性。「率性之謂道」，是性情，亦正是天理。「修道之謂教」，是天理之教，亦正是性情之教。

所謂「道也者，不可離也；可離，非道也」，此只是性情之道，不可離；可離，即非性情之道。「莫見乎隱，是性情。莫顯乎微，亦是性情。而「君子慎其獨」，則正是慎其獨具之性情。獨具之性情，是天理，亦正是獨體。在性情之貞，或性情之正裏，其喜怒哀樂之未發方是中；發而中節方是和。故能致中和，自可位育。

（2）「仲尼曰：君子中庸，小人反中庸。君子之中庸也，君子而時中。小人之中庸也，小人而無忌憚也。」

於此，君子是一個大生命，其所以能成其大，是因其以中爲體，以中爲用，以中爲相。並從而時中，以中爲常，以中爲不易。而小人之爲小人，則只見其生命之小，只見其偏，只見其無常，只見其無忌憚。並無時或中，無時不是矛盾與衝突，完全說不上亭亭當當，完全說不上「和」。此正是從本質上，從性情上，從中體上，從中道上，以衡量一個君子和一個小人。

（3）「子曰：中庸其至矣乎？民鮮能久矣。」

說到中體和中道，此便是中和與中庸之極致。在此等處，自只能是「唯天之命，於穆不已」，自只能是「戒愼乎其所不睹，恐懼乎其所不聞。莫見乎隱，莫顯乎微，故君子愼其獨也」。一般的人和一般的生民和生命，鮮能愼其獨，自會是「鮮能久矣」，於此，朱註云：「過則失中，不及則未至，故惟中庸之德爲至。然亦人之所同得，但世教衰，民不興行，故鮮能之，今已久矣。《論語》無能字。」於此，將中庸視爲一德，自只能如此說，惟若將中庸視爲中體，視爲中道，並視爲全德，便只能說「民鮮能久矣」，或「民鮮久矣」。此正如孟子所言：

「其至，汝力也；其中，非汝力也。」

若是「人之所同得」，又非「鮮能久矣」，則即無以下數章之慨嘆。

（4）

「子曰：道之不行也，我知之矣。知者過之，愚者不及也。道之不明也，我知之矣。賢者過之，不肖者不及也。人莫不飲食也，鮮能知味也。」

於此所謂道，自是指中庸之道，亦正是中和之道，或中道，或大道，或大同之道。而所謂「道之不行」，必不是道之或離。此乃因「道也者，不可須臾離也。可離，非道也」。由是所謂「智者過之」或「賢者過之」之過，會儘有其道，儘有其中。而所謂愚者及不肖者之不及，亦會儘有其道，儘有其中。至何以有其道，有其中，而不行？此當只是不能通行，不能大行，或不能暢行。否則，便即是「大道之行也，天下爲公」，並由此而「是謂大同」。

朱子在此章之後，註云：

「道不可離，人自不察，是以有過不及之弊。」

而大程子於此論「中」，則有語云：

「只喚做中，若以四方之中爲中，則四邊無中乎？若以中外之中爲中，則外面無中乎？如生生之謂易，天地設位而易行乎其中，豈可以今之易書爲易乎？中者且謂之中，不可捉一個中來爲中。」（語見《二程遺書》第二。）

正因如此，孟子即有語云：

「孔子不得中道而與之，必也狂狷乎？狂者進取，狷者有所不爲也。」（《孟子・盡心篇》）此所謂「進取」，所謂「有所不爲」，亦正是：有其道，有其中。只不過在此所謂「有其道，有其中」之眞正的「道味」與「中味」，則一般所謂之「智者」或「愚者」，「賢者」或「不肖者」，每每不能深識。此所以說：「人莫不飲食也，鮮能知味也。」

大程子亦有語稱：

「我吃飯是吃到肚子裡，人家吃飯，每從背脊上過。」

大概孔子所言「道之不行」與夫《禮記》所載「大同之世」之不能實現，會都是由於大家對中和、中庸、中道等，有如吃飯，沒有吃到肚子裡。似此等事，說易會易到極點，說難也會難到極點。

（5）

「子曰：道其不行矣夫。」

此乃是一極大的嘆息，亦正是一極深長的嘆息，或是亙古的長嘆！能作出如此之長嘆，那會易到極點，但亦會難到極點。聖人之言，會有所不同。聖人之嘆，更會有所大不同。此當不會僅僅如朱子以下之註；

「由不明，故不行。」

惟朱子將此「道其不行矣夫」一語，凡六個字，特別作成一章，並說是「以起下章之意」，則極有深意存焉。

（6）

「子曰：舜其大知也與？舜好問，而好察邇言。隱惡而揚善，執其兩端，用其中於民。其斯以為舜乎？」

在此等處，舜是一個偉大的人君，自然會有其一個偉大之原則。此即：

「人心惟危，道心惟微；惟精惟一，允執厥中。」而且，惟其「執中」，所以「用中」；惟其「用中」，所以「好問」；惟其好問。所以「好察」；同時，更因其好察，所以揚善，惟其揚善，所以「善與人同」。在此，會只是中和，只是中庸，只是中道，並只是道的通行，道的大行，而無不暢。此所以是大舜。

（7）

「子曰：人皆曰予知，驅而納諸罟擭陷阱之中，而莫知辟也。人皆曰予知，擇乎中庸，而不能期月守也。」

飲食而不知味，會有如擇乎中庸而不能守。至於罟擭陷阱而不知避，則更會有如擇乎中庸而不能守。由前而言，是不知福。由後而言，是不知禍。人自以爲智，而不知禍福，自會是人類之一大悲劇。人自以爲智，而不守中庸，不行中道，以失中和，自更會是人類之一大悲劇。聖人之長嘆，固有多端；而此一長嘆，則尤切要。

（8）

「子曰：回之為人也，擇乎中庸，得一善，則拳拳服膺而弗失之矣。」

孔子與顏回，在此正是一大慧命之相續。此因其「擇乎中庸」，所以「得一善，則拳拳服膺而弗失」。此亦正因其「得一善，則拳拳服膺而弗失」，所以「擇乎中庸」。於此，有體有用，有用有體，並即體即用，即用即體。於此，是中道之明，亦即是中道之行。同時，是中道之行，亦正是中道之明。夫子「道之不行」之嘆，至此一轉而爲道之大行大明，與夫道之大明大行。

（9）

「子曰：天下國家可均也，爵祿可辭也，白刃可蹈也，中庸不可能也。」

朱子註云：

「均，平治也。三者亦知仁勇之事，天下之至艱也。然皆倚於一偏。故資之近而力能勉者，皆足以能之。至於中庸，雖若易能，然非義精仁熟，而無一毫人欲之私者，不能及也。

三者難而易，中庸易而難，此民之所以鮮能也」。

按此所謂「中庸不可能也」，亦正如所謂「道其不行矣夫」之嘆。此亦是深遠亙古之長嘆。

若以德而論，中庸或中和之德是全德，而天下國家可均是知之一德，爵祿可辭，是廉之一德，白刃可蹈，亦只是勇之一德。一德有難有易，而全德則大都是「不可能也」。

若以「道」言，則一個生命，以至一個宇宙的存在，都是一個中庸的存在，或一個中和的存在，或一個中道的存在。在此等處，自會是談何容易，亦自會是「不可能也」。

由此以中庸與夫天下國家之可均，爵祿之可辭，白刃之可蹈相比較，而後之三者，自然是絕不可同日而語。

（10）

「子路問強。子曰：南方之強與？北方之強與？抑而強與？寬柔以教，不報無道，南方之強也，君子居之。衽金革，死而不厭，北方之強也，而強者居之。故君子和而不流，強哉矯；中立而不倚，強哉矯；國有道不變塞焉，強哉矯；國無道，至死不變，強哉矯。」

似此和而不流，中立而不倚，國有道不變塞，國無道至死不變，實乃眞正強者之所當守當爲，亦正是眞正擇乎中庸者之所當守當爲。此爲一個人之精神上的極度堅強，此亦爲一個人之生命上的極大突破。朱子於此註稱：

「此四者汝所當強也。矯，強貌。《詩》曰「矯矯虎臣」是也。倚，偏著也。塞，未達也。國有道，不變未達之所守，國無道，不變平生之所守也。此則所謂中庸之不可能者，非有以自勝其人欲之私，不能擇而守也。君子之強，孰大於是？夫子以是告子路者，所以抑其血氣之剛而進之以德義之勇也。」

於此，抑其血氣之剛，即是一個人之生命上的極大突破；而德義之勇，則是一個人之精神上的極度堅強。至於「擇乎中庸」之所以可能，則全視此生命上的極大突破及精神上的極度堅強之有無而定。此乃是中庸上之一個極大標準；如果忽視或拋棄此一極大標準，則必將流而爲所謂「鄉原」（校案：即「鄉愿」）。孔子稱「鄉原」爲德之賊，而特贊顏回，勉子路，實在是扣緊著此「中庸」之一極大而又極高之標準。

（11）「子曰：素隱行怪，後世有述焉，吾弗為之矣。君子遵道而行，半塗而廢，

吾弗能已矣。君子依乎中庸，遯世不見知而不悔，唯聖者能之。」

在此章之後，朱子註云：

「子思所引夫子之言，以明首章之義者止此。蓋此篇大旨，以知仁勇三達德，爲入道之門。故於篇首，即以大舜、顏淵、子路之事明之。舜知也，顏淵仁者，子路勇也。三者廢其一，則無以達（校案：「達」字，朱註原爲「造」字）道而成德矣，餘見第二十章。」

第二十章以後，即可如前所言，乃是下篇。茲所云「達道而成德」者，即是達中庸之道，而成中庸之德。此則必須合大舜之知、顏淵之仁與夫子路之勇而爲一，始能達之而又成之。惟有達成此道，始可弗爲「素隱行怪」；亦惟有達成此德，始有不至「遵道而行半塗而廢」。由是而可依乎中庸「遯世不見知而不悔」。此只有「聖者能之」，此亦只有夫子能之。此乃因聖者與夫子都能扣緊著此中庸之極大而又極高之一標準。此乃是由擇乎中庸而守乎中庸，更由守乎中庸而依乎中庸，以使此中庸與其生命合一，與其精神合一，並與其性情合一，而形成其一大中庸之性情，中庸之精神與夫整個中庸之生命。此使肉身成道，亦正使道成肉身。

（12）

「君子之道，費而隱，夫婦之愚，可以與知焉，及其至也，雖聖人亦有所不知焉。夫婦之不肖，可以能行焉，及其至也，雖聖人亦有所不能焉。天地之大也，人猶有所憾。故君子語大，天下莫能載焉；語小，天下莫能破焉。《詩》云：『鳶飛戾天，魚躍於淵』，言其上下察也。君子之道，造端乎夫婦；及其至也，察乎天地。」

大程子（明道）於此有語云：

「鳶飛戾天，魚躍於淵，活潑潑地。」

又朱子註此《詩經・大雅》中之一詩稱：

「子思引此詩，以明化育流行，上下昭著，莫非此理之用，所謂費也。然其所以然者，則非見聞所及，所謂隱也。故程子曰：此一節，子思喫緊爲人處，活潑潑地。讀者其致思焉。」

在此，亦儘可以說：中庸或中和之道與夫中庸或中和之德，活潑潑地：語大，天下莫能載焉，是活潑潑地。語小，天下莫能破焉，亦是活潑潑地。造端乎夫婦，是活潑潑地。察乎天地，亦是活潑潑地。總之，費而隱，是活潑潑地。由是而「天下何思何慮？」亦正是活潑潑地。夫婦之愚，可以與知與能，是活潑潑地。雖聖人有所不知不能，亦一樣是活潑潑地。在此等處，一活潑潑地，即整個是活潑潑地。即無一不是活潑潑地，即一切都是活潑潑地。到這裡，盡性知命，是活潑潑地；到這裡，窮神知化，也是活潑潑地。此是活潑潑地始，此是活潑潑地終。此是澈上的活潑潑地，此亦是澈下的活潑潑地。此是體的活潑潑地，此亦是用的活潑潑地，此又是相的活潑潑地。到這裡，若問「如何是活潑潑地？」這便只能說「是活潑潑地」！於此，所謂「知者過之」之過，是活潑潑地。而「愚者不及」之不及，亦是活潑潑地，會有什麼過與不過？到此，賢者之過，是如此；不肖者之不肖，亦莫不如此。此正是所謂「道也者須臾不可離也」，如其可離，便不是活潑潑地。會有什麼及與不及？以至能與不可能？這會只是一個中，只是一個道，只是一個和，而且只是一個中道，只是一個中和，只是一個中庸，只是一個中行，並只是一個「化育流行」！

（13）

「子曰：道不遠人，人之為道而遠人，不可以為道。《詩》云：伐柯伐柯，其則不遠；執柯以伐柯，睨而視之，猶以為遠。故君子以人治人，改而止。忠恕

違道不遠，施諸己而不願，亦勿施於人。君子之道四，丘未能一焉：所求乎子以事父，未能也。所求乎臣以事君，未能也。所求乎弟以事兄，未能也。所求乎朋友先施之，未能也。庸德之行，庸言之謹，有所不足，不敢不勉，有餘不敢盡。言顧行，行顧言，君子胡不慥慥爾？」

於此，「喜怒哀樂之未發謂之中，發而皆中節謂之和」，是切近人情。只切近人情，便是道不遠人。人之爲道而遠人，是遠於人情。遠於人情，便不可以爲中庸之道，或中和之道，由此而致中和，便是「執柯以伐柯，睨而視之，猶以爲遠」。而不是「以人治人，改而止」。在這裡，只忠恕二字，違道不遠，此即是違中庸或中和之道不遠，並最爲切近人情。由是「施諸己而不願，亦勿施於人」，便即是「天地位，萬物育」，否則，便即是天翻地覆，萬物悲淒，此是平常之至，亦正中庸或中和之極。

更由此而子事父，臣事君，弟事兄，朋友事朋友，只一味自說己能，此便是不能。反之，只一味說著「未能」，此便是無窮不盡的極大功夫，而爲聖人之能事，亦即所謂「聖人成能」。

到此，「庸德之行，庸言之謹」，而不能不勉，是活潑潑。到此，行顧言，言顧行，是

「慥慥爾」。不管活潑潑，或慥慥爾，會都是篤實之至，又平實之至。

（14）

「君子素其位而行，不願乎其外。素富貴，行乎富貴。素貧賤 行乎貧賤。素夷狄，行乎夷狄。素患難，行乎患難。君子無入而不自得焉。在上位，不陵下。在下位，不援上。正己而不求於人，則無怨。上不怨天，下不尤人，故君子居易以俟命，小人行險以徼幸。子曰：射有似乎君子，失諸正鵠，反求諸己。」

在此等處，「反求諸己」，是扭轉一己，亦正是「扭轉乾坤」！但要扭轉乾坤，就只能「居易以俟命」。而且也只有「居易以俟命，方能扭轉乾坤」，朱註稱：

「易，平地也。居易，素位而行也。俟命，不願乎外也。」

於是素富貴，即行乎富貴，此即是富貴之中庸；素貧賤，即行乎貧賤，此即是貧賤之中庸；素夷狄，即行乎夷狄，此即是夷狄之中庸；素患難，即行乎患難，此即是患難之中庸。凡此都只是所謂「道也者，不可須臾離也」。而所謂富貴之中庸，貧賤之中庸，夷狄之中庸，患難之中庸，則正是不陷於富貴、貧賤、夷狄或患難之中庸。至何以能不陷？則又正因其不離此道，不離此中庸。由是而堂堂巍巍，壁立千仞，心中自爾和平。亦由是而亭亭當當，居於平地，眼底十方圓明。此所以是「無入而不自得」。在上位如是，在下位亦如是，還會有何陵下？有何援上？只是正己，只不求人？只是樂天，只是和祥。一切敞開來，一切推拓去。

此正是大程子所云：

「推拓將開，則天地變化，草木蕃昌。」

此是由乾坤扭轉而天地變化。此亦正是由天地變化而乾坤扭轉。而且更會是由喜怒哀樂之中，到天地位，並由喜怒哀樂之和，到萬物育。到頭來，便無非是中庸，亦無往而不是中庸。

（15）

「君子之道，譬如行遠必自邇，譬如登高必自卑。《詩》云：妻子好合，如鼓瑟琴；兄弟既翕，和樂且耽。宜爾室家，樂爾妻孥。子曰：父母其順矣乎？」

朱註云：

「夫子誦此詩，而贊之曰：人能和於妻子，宜於兄弟，如此則父母其安樂之矣。子思引

《詩》及此語，以明行遠自邇，登高自卑之意。」

要知：父母之順，是人倫之順；人倫之順，是萬物之順；萬物之順，是天地之順；於此，一順，一切順；一安，一切安；一樂，一切樂。而喜、怒、哀，亦莫不然。人性之中，人情之和，是教亦是道，是道亦是教。而由性情之道，到性情之教，便必然會是性情的人間，性情之天地，性情之宇宙，由是有家人，有家園，有家國。並由是「正家而天下定」。且在天之下，便儘會是一如中孚卦，九二爻之言：「鳴鶴在陰，其子和之，我有好爵，吾與爾靡之。」

只不過，在整個宇宙的一大樂章裡，會有一個基調。在整個世界的一大畫圖中，亦會有一點基點。此一基調，就是「妻子好合」；此一基點，就是「兄弟既翕」。於此會「如鼓瑟琴」。亦於此會「和樂且耽」。由是而「宜爾室家」，便是宜一個太極。由是而「樂爾妻孥」，便是樂一個太和。此會遠到無邊，此亦會高到至上。但此亦只是一個中庸，此亦只是一個中道。一切是從基點起，一切是從基調升。此所以是「行遠必自邇」；此亦所以是「登高必自卑」。邇在眼前，直到天邊。卑在足下，翹首天外。到此際，便又不能不說著：

「天地其順矣夫」！

（16）

「子曰：鬼神之為德，其盛矣乎？視之而弗見，聽之而弗聞，體物而不可遺。使天下之人，齊明盛服，以承祭祀，洋洋乎如在其上，如在其左右。《詩》曰：『神之格思，不可度思，矤可射思。』夫微之顯，誠之不可揜，如此夫！」

在此一章之末，朱註云：

「不見不聞，隱也。體物如在，則亦費矣，此前三章，以其費之小者而言。此後三章，以其費之大者而言。此一章兼費隱，包小大而言。」

實則此一章言鬼神之德，亦正如君子之道，會都是兼費隱，包小大而言。同時，兼費隱，包小大而言之德，是鬼神之德，亦正是中庸之德；而兼費隱，包小大而言之道，是君子之道，則亦正是中和之道，或中道。

「視之而弗見，聽之而弗聞，體物而不可遺」，是鬼神之所以爲其靈；而「莫見乎隱，莫顯乎微」，則正是君子之所以「愼其獨」。

鬼神之爲德，使「天下之人，齊明盛服，以承祭祀，洋洋乎如在其上，如在其左右」。而君子之爲道，亦正使其「所過者化，所存者神」。此都會是由於「微之顯，誠之不可掩」。亦都會是由於此中庸，由於此中道。

《詩》曰：「神之格思，不可度思，矧可射思。」

朱註稱：

「《詩·大雅·抑之篇》。格，來也。矧，況也。射，厭也。言厭惡而不敬也。思，語辭。」

在此，於性情之際，而「致其中和」，會使「天地位焉，萬物育焉」。於鬼神之際，而致其誠敬，自亦會天地位，萬物育。此所以是「鬼神之爲德，其盛矣乎」？

（17）

「子曰：舜其大孝也與？德為聖人，尊為天子，富有四海之內，宗廟饗之，子孫保之。故大德必得其位，必得其祿，必得其名，必得其壽。故天之生物，必因其材而篤焉。故栽者培之，傾者覆之。《詩》曰：『嘉樂君子，憲憲令德，宜民宜人，受祿於天；保佑命之，自天申之。』故大德者必受命。」

而此大德，則正是中庸之德。此中庸之德，使其「素患難，行乎患難」。又使其「素富貴，行乎富貴」，並終使其「父母其順矣夫」，而成大孝。

此章之末，朱註爲：

「此由庸行之常，推之以極其致，見道之用廣也。而其所以然者，則爲體微矣。」

只不過，中庸之德，以及中庸之道，終不在其「用廣」，此所以是：

「子曰：巍巍乎，舜禹之有天下也，而不與焉。」（《論語・泰伯篇》）

朱註於此稱：「不與，猶言不相關，言其不以位爲樂也。」

要知舜雖「尊爲天子」，但他終爲人子。人子而能成爲大孝，就是「德爲聖人」；亦即成爲大德，或聖人之大德。於此，聖人之大德，亦不外乎君子之大德，亦即中庸之大德，或中庸之德，亦正爲孔子所謂「不得中行而與之」之「中行」，或《孟子》一書所載之「不得中道而與之」之「中道」。由此中庸、中行或中道，而終被「尊爲天子」，則此天子，便即爲中庸、中行或中道之天子。但在此等處，畢竟仍會是一如明太祖給其老友田興之信中所稱：「皇帝自皇帝，朱元璋自朱元璋，朱元璋不過偶然做了皇帝！」至於大舜之「富有四海之內」，則更非必然。就是必然，還是只能「素富貴，行乎富貴」，而不能陷於富貴之中。只不過大舜之能「宗廟饗之，子孫保之」，則不會是偶然。此乃因其一己爲大孝，並能以孝治天下之故，必不至無其孝之流傳與持續。

大舜之爲大孝，於千秋萬世中，終樹立其一大典型。由是而「大德必得其位，必得其祿，必得其名，必得其壽」，亦不能不形成一種定律。此乃因常道或道之常，總會如此，不必存疑，而只要信。此正如「天之生物，必因其材而篤焉。故栽者培之，傾者覆之」。此在天爲天理，在人則爲人道。此亦無非是中和，無非是中庸，無非是中行，無非是中道。由是無形之中，不覺之間，終於會成有著一大詩篇，即《詩經．大雅．假（嘉）樂》之篇！其《詩》曰：「嘉樂君子，憲憲令德；宜民宜人，受祿於天；保佑命之，自天申之。」而據此詩之意，自亦會是「故大德必受命」，朱註於此稱：

「受命者，受天命爲天子也。」

一般而言，必須有「致中和」而「使天地位，萬物育」之大道，與夫「素其位而行，不願乎其外」之大德，此即是中和之大道，與夫中庸之大德。

（18）

「子曰：無憂者，其惟文王乎？以王季為父，以武王為子，父作之，子述之。武王纘大王、王季、文王之緒，壹戎衣，而有天下。身不失天下之顯名，尊為天子，富有四海之內，宗廟饗之，子孫保之。武王末受命，周公成文武之德，

追王大王、王季，上祀先公，以天子之禮。斯禮也，達夫諸侯大夫，及士庶人。父為大夫，子為士，葬以大夫，祭以士。父為士，子為大夫，葬以士，祭以大夫。期之喪，達乎大夫。三年之喪，達乎天子。父母之喪，無貴賤一也。」

於此一段之敘述中，文王是儘有其中和之道與夫中庸之德，而未受命。但其以「王季爲父，以武王爲子，父作之，子述之」，自可無憂於受命不受命。此實是人子之對於天子，儘會著「無可無不可」。而且儘會在任何情況下，都一味是「文思安安」。此正是文王之德之純，純亦不已。

至於武王，其纘（繼）大王、王季、文王之緒（業），亦正是繼續有其中和之大道，與夫中庸之大德。但當其一著戎衣，而伐紂之後，即有天下，並且是「身不失天下之顯名」，故終於受命，即年老而受天命爲天子。似此受命，亦何嘗不是無所謂「受命不受命」？而於其受命之際，自亦儘會是一味中和，並一味中庸。

再說周公，「周公成文武之德」，此乃是眞正完成了文王與武王之中和大道與中庸大德。其能「追王大王，王季，上祀先公，以天子之禮」，雖未受命，亦正如同受命。在此一段文字中，朱子之註云：

「此言周公之事，末，猶老也。追王，蓋推文武之意，以及乎王迹之所起也。先公，組紺以上至后稷也。上祭先公以天子之禮，又推大王、王季之意，以及於無窮也。制爲禮法，以及天下，使葬用死者之爵，祭用生者之祿。喪服自期以下，諸侯絕，大夫降。而父母之喪，上下同之，推己以及人也。」

此正似說：周公以其中和之道與中庸之德，形成一大客觀精神，推己以及人，推大王，王季之意，又推文王武王之意，以制爲禮法，即：「父爲大夫，子爲士，葬以大夫，祭以士。父爲士，子爲大夫，葬以士，祭以大夫。期之喪，達乎大夫。三年之喪，達乎天子。父母之喪，無貴賤一也」。似此父母之喪，無貴賤一也之一大客觀精神，納入於中道與中庸之中，自更使中道與中庸，具備其崇高與莊嚴之義。對此周公制禮樂之事，實使周公雖未受命，更有其受同於受命之行事，並無異於大舜之爲大孝。

（19）

「子曰：武王、周公，其達孝矣乎？夫孝者，善繼人之志，善述人之事者也。春秋修其祖廟，陳其宗器，設其裳衣，薦其時食。宗廟之禮、所以序昭穆也。序爵，所以辨貴賤也。序事，所以辨賢也。旅酬下為上，所以逮賤也。燕毛

所以序齒也。踐其位，行其禮，奏其樂，敬其所尊，愛其所親，事死如事生，事亡如事存，孝之至也。郊社之禮，所以事上帝也，宗廟之禮，所以祀乎其先也，明乎郊社之禮，禘嘗之義，治國其如示諸掌乎？」

在此等處，人類之主觀精神、客觀精神與夫絕對精神，都一齊表現出來。此更使中和之道顯得崇高，且更使中庸之德顯得莊嚴。此眞是所謂大哉中道，大哉中庸。朱子於此章之末註云：

「郊祭天，社祭地。不言后土者，省文也。禘，天子宗廟之大祭，追祭太祖之所自出於太廟，而以太祖配之也。嘗，秋祭也。四時皆祭，舉其一耳。禮必有義，對舉之，互文也，示與視同。視諸掌，易見也。此與《論語》文義，大同小異，有詳略耳。」

在此包括祭天地，祭祖宗，並包括四時之祭。程伊川於其兄之行狀，申稱大程子之言云：

「盡性至命，必本於孝弟；窮神知化，由通於禮樂。」

本此以言「武王周公其達孝矣乎」，則周公武王之「本於孝弟」，自會是「盡性至命」。而其「明乎郊社之禮，禘嘗之義，治國其如示諸掌乎」，亦更會是由「通於禮樂」，而「窮神知化」。此盡性至命之事，不外乎中庸；此窮神知化之事，亦不外乎中和。善繼人之志，善述人之事，是中庸；「事死如事生，事亡如事存」，是中和。由此，「天命之謂性，率性之謂道，修道之謂教」，此教乃中庸之教。由此「致中和，天地位焉，萬物育焉」，此位育即中和之位育。

同時，於此「修其祖廟，陳其宗器，設其裳衣，薦其時食」，亦無非是中庸之教。於此，而「序昭穆」、「序爵」、「序事」、「序齒」等等，亦無非是中和之位育。於此，一切是極高明。於此，一切是止至善。此所以孔子曰：

「郁郁乎文哉！吾從周。」

此處所說之從周之文，自是指文武之道及其禮樂之治。文武之道乃由道中庸而極高明，同時又由極高明而道中庸。而其禮樂之治，則是由致中和而止至善，同時又由此至善而致中和。

（三）中庸下篇——誠

《中庸》下編，以誠與明爲主旨，亦正爲兩個眼目。相應於誠之現代涵義，可以說是由生命的眞實存在，到生命的眞實受用；又由生命的眞實受用，到生命的眞實開朗；更由生命的眞實開朗，到生命的眞實透明。反過來，亦儘可以由生命的眞實透明，到生命的眞實開朗，再到生命的眞實受用，更到生命的眞實存在。就誠而言，此乃由誠而明；就明而說，則是由明而誠。此亦無非是誠，無非是明。於此，即體即用，即用即體，亦可謂：澈上澈下，直下直上。

在《中庸》下編之中，其首章爲〈哀公問政〉。惟此首章，亦未始不可作《中庸》上編之末章。此即是由文武之道，禮樂之治，再落實說到「文武之政，布在方策」，由此而說到人，再由人而說到仁，說到禮，說到君子，說到知天，說到達道，說到天下國家，並從而說到九經，說到誠，說到道，說到聖人。朱子於此章之末，亦附註云：

「此引孔子之言，以繼大舜，文武，周公之緒，明其所傳之一致，舉而措之，亦猶是耳。蓋包費隱，兼小大，以終十二章之意。章內語誠始詳，而所謂誠者，實此篇之樞紐也。又按《孔子家語》，亦載此章，而其文尤詳。『成功一也』之下，有『公曰：子之言，美矣至矣，寡人實固不足以成之也』，故其下復以『子曰』起答辭。今無此問辭，而猶有『子曰』二字，蓋子思刪其繁文，以附於篇，而所刪有不盡者，今當爲衍文也。『博學之』以下，《家語》無之，意彼有闕文，抑此或子思所補也歟？」

故此一章，當有兩種可能：一爲此章之文，原出於《孔子家語》，《中庸》一書則引用此文，以佐證其說；二爲此章之文，本爲《中庸》所有，而《孔子家語》引用之。惟再看此章之說，又似可獨立成篇，而再分爲數章。今附於《中庸》一書之下篇，並作爲首章，使其所載之「誠者天之道也；誠之者，人之道也」等語，作爲下篇之樞紐，自亦未始不可。

但按儒家內聖外王之道，在《中庸》一書中，上篇實是由內聖說到外王。而此一〈哀公問政〉章中，則正是由外王說到內聖。若將此一章作成中篇，則此篇以後之所論，即盡爲內聖之道，而爲下篇，且對上篇由內聖說到外王的內聖之道而言，此下篇所論內聖之道，更進而形成一內聖之學。其篇末所言「上天之載，無聲無臭，至矣」之處，自會是內聖之形上學。此所謂之「明德」，更只是聖學中之性德。

（1）

「哀公問政，子曰：文武之政，布在方策，其人存，則其政舉；其人亡，則其政息。人道敏政，地道敏樹。夫政也者蒲盧也。故為政在人，取人以身，修身以道，修道以仁。仁者人也，親親為大；義者宜也，尊賢為大。親親之殺，尊賢之等，禮所生也。在下位，不獲乎上，民不可得而治矣。故君子不可以不修身；

思修身，不可以不事親；思事親，不可以不知人，思知人，不可以不知天。天下之達道五，所以行之者三，曰：君臣也，父子也，夫婦也，昆弟也，朋友之交也。五者天下之達道也。知仁勇三者，天下之達德也，所以行之者一也。或生而知之，或學而知之，或困而知之，及其知也一也。或安而行之，或利而行之，或勉強而行之，及其成功一也。子曰：好學近乎知，力行近乎仁，知恥近乎勇。知斯三者，則知所以修身。知所以修身，則知所以治人。知所以治人，則知所以治天下國家矣。凡為天下國家有九經，曰：修身也，尊賢也，親親也，敬大臣也，體群臣也，子庶民也，來百工也，柔遠人也，懷諸侯也。修身則道立，尊賢則不惑，親親則諸父昆弟不怨，敬大臣則不眩，體群臣則士之報禮重，子庶民則百姓勸，來百工則財用足，柔遠人則四方歸之，懷諸侯則天下畏之。齊明盛服，非禮不動，所以修身也。去讒遠色，賤貨而貴德，所以勸賢也。尊其位，重其祿，同其好惡，所以勸親親也。官盛任使，所以勸大臣也。忠信重祿，所以勸士也。時使薄斂，所以勸百姓也。日省月試，既稟稱事，所以勸百工也。送往迎來，嘉善而矜不能，所以柔遠人也。繼絕世，舉廢國，治亂持危，朝聘以時，厚往而薄來，所以懷諸侯也。凡為天下國家有九經，所以行之者一也。凡事豫則立，不豫

則廢。言前定則不跲，事前定則不困，行前定則不疚，道前定則不窮。在下位不獲乎上，民不可得而治矣。獲乎上有道，不信乎朋友，不獲乎上矣。信乎朋友有道，不順乎親，不信乎朋友矣。順乎親有道，反諸身不誠，不順乎親矣。誠身有道，不明乎善，不誠乎身矣。誠者天之道也，誠之者人之道也。誠者，不勉而中，不思而得，從容中道，聖人也。誠之者，擇善而固執之者也。博學之，審問之，愼思之，明辨之，篤行之。有弗學，學之弗能，弗措也。有弗問，問之弗知，弗措也。有弗思，思之弗得，弗措也。有弗辨，辨之弗明，弗措也。有弗行，行之弗篤，弗措也。人一能之，己百之；人十能之，己千之。果能此道矣，雖愚必明，雖柔必強。」

此所謂爲政在人，自是以人爲本之人本政治。但更是「取人以身，修身以道，修道以仁」之人本政治。

此所謂天下之達道五，是「君臣也，父子也，夫婦也，昆弟也，朋友之交也」。此與上篇〈天命之謂性章〉，即首章所言「中者天下之大本，和者天下之達道也」之達道，雖都是指天下古今所共由之路，有如朱子之註，惟從喜怒哀樂之人情上說是「和」，從人類社會之人本上說，則正如孟子所言：「父子有親，君臣有義，夫婦有別，長幼有序，朋友有信」。

此人本上之五達道，必須天下之三達德以行之，即所謂「知仁勇三者，天下之達德也」。朱註稱：

「達德者，天下古今所同得之理也。」

此即是所謂「知仁勇」三者之理。似此所謂「理」，當即是所謂「道德的理性」，惟亦儘可謂之為道德的智慧、道德的仁心與道德的勇氣。而此三者之所以行，或所以形成，則全在乎誠。於此朱子引程子之言曰：

「所謂誠者，止是誠實此三者。三者之外，別無誠。」

至所謂「好學近乎知，力行近乎仁，知恥近乎勇」，亦正是說：惟好學始能接近著道德的智慧，惟力行始能接近著道德的仁心，惟知恥始能接近著道德的勇氣，並由此而知所以修身、治人，並治天下國家。

關於治天下國家之九經，即修身，尊賢，親親，敬大臣，體群臣，子庶民，來百工，柔遠人，懷諸侯九者，朱註稱：

「經，常也。體，謂以身處其地，而察其心也。子，如父母之愛其子也。柔遠人，所謂無忘賓旅者也。此列九經之目也。呂氏曰：天下國家之本在身，故修身為九經之本。然必親師取友，然後修身之道進，故尊賢次之。道之所進，莫先其家，故親親次之。由家以及朝廷，故敬大臣、體群臣次之。由朝廷以及其國，故子庶民、來百工次之。由其國以及天下，故柔遠人、懷諸侯次之。此九經之序也。親群臣猶吾四體，親百姓猶吾子，此視臣視民之別也。」

關於「誠者天之道也，誠之者，人之道也……」，朱註云：

「此承上文誠身而言。誠者，眞實無妄之謂，天理之本然也。誠之者，未能眞實無妄而欲其眞實無妄之謂，人事之當然也。聖人之德，渾然天理，眞實無妄，不待思勉，而從容中道，則亦天之道也。未至於聖，則不能無人欲之私；而其爲德，不能皆實，故未能不思而得，此則必擇善，然後可以明善；未能不勉而中，則必固執，然後可以誠身。此則所謂人道也。不思而得，生知也。不勉而中，安行也。擇善，學知以下之事。固執，利行以下之事也。」

實則，誠乃眞實之存在，此是體，是天然，亦是天道。誠之，乃求存在之眞實，此是用，是人事，亦是人道。聖人於此，即體即用，所以不勉而中，不思而得。惟若即用即體，擇善而固執其誠，自亦是聖人之徒，並可達聖人之境，而使人皆可以爲堯舜。

至於「博學之，審問之，愼思之，明辨之，篤行之」等語，在朱註則稱：

「此誠之之目也。學問思辨，所以擇善而為知，學而知也。篤行，所以固執而為仁，利而行也。程子曰：五者廢其一，非學也。」

實則，此是「誠之之目」，此亦正是誠之事。程子謂「五者廢其一，非學也」。實則，五者廢其一，亦非誠。同樣，亦非「擇善而為之」，更非「固執而為仁」。反之，五者能不廢其一，則即只是知，只是仁，只是誠。在這裡，體用一如。在這裡，亦正是知行合一。

又若將博學，審問，愼思，明辨四者之智，作為知；而以篤行之行，作為行。以言行之道，或知行之學，則可以由之以說「知之匪艱，行之惟艱」，亦可以說「知之惟艱，行之匪艱」。

就知只須由博而審，由愼而明來說，此是層次分明，順之而下，所以是「知之匪艱」。而就此「行」，又須一個篤，並篤之又篤，層次不分，逆之而上，以言其難來說，自會是「行之惟艱」。此行乃是德性之行，進德不易。

惟若以博學，審問，愼思，明辨為四事，而篤行則只是一事而言，亦即以量而言，則說知之惟艱，行之匪艱，亦即知難行易，自無不可。此知乃是智性之知，求知甚難。

關於「人一能之，己百之；人十能之，己千之。果能此道矣，雖愚必明，雖柔必強」等語，朱註云：

「明者，擇善之功；強者，固執之效。呂氏曰：君子所以學者，爲能變化氣質而已。德勝氣質，則愚者可進於明，柔者可進於強。不能勝之，則雖有志於學，亦愚不能明，柔不能立而已矣。蓋均善而無惡者性也，人所同也。昏明強弱之稟不齊者，才也，人所異也。誠之者，所以反其同而變其異也。夫以不美之質，求變而美，非百倍其功，不足以致之。今以鹵莽滅裂之學，或作或輟，以變其不美之質，及不能變，則曰天質不美，非學所能變；是果於自棄，其爲不仁，甚矣。」

於此會儘有一個把柄，此即是志。志於學以求明，則其氣質，必日趨於明。志於學以求強，則其氣質，必日趨於強。此會是變化其愚與柔之氣質，亦正會是發展其明與強之個性。此兩者之間，並無對立之處。其認變化氣質，對發展個性，有所妨礙，會只是無志，亦只是自棄，只是不仁。所謂「誠」，會只是「誠實」；而所謂「誠之」，亦只會是誠於立志，或只是「篤志」。或只是「百倍其功」之志，或只是「擇善固執」之志，或只是「貞固不變，清明在躬」之志。

（2）「自誠明，謂之性。自明誠，謂之教。誠則明矣，明則誠矣」。

對此一章，朱註云：

「自，由也。德無不實，而明無不照者，聖人之德，所性而有者也，天道也。先明乎善，而後能實其善者，賢人之學，由教而入者也，人道也。誠則無不明矣，明則可以至於誠矣。」

實則，貞固不變，會就是誠。清明在躬，會就是明。由貞固不變而清明在躬，此是性。由清明在躬而貞固不變，此是教。自誠明，則誠是體，明是用。自明誠，則明是體，誠是用。誠則明矣，是即體即用。明則誠矣，是即用即體。到此，便只是體用一如，只是於穆不已，只是純亦不已，並只是簡單化到極點，只是純一化到極點。

於此，由中和到中庸，由中庸到中道，由中道到誠明，更只會是即中，即道，即誠；且只會是即和，即庸，即明。誠是眞實的存在，而明則是存在之光明。

於此，誠明是性情之誠明，中道是性情之中道，中庸是性情之中庸，中和是性情之中和，而明誠亦正是性情之明誠。眞實的存在是性情之存在，而存在的光明，亦正是性情之光明。所謂「德無不實，而明無不照者，聖人之德，所性而有者也」，但亦正是性情之德，人人可有。所謂「先明乎善，而後能實其善者，賢人之學，由教而入者也」。但亦正是性情之教，人人可學。由是天道下合人道，而人道亦正上合天道。因此之故，誠者無不明，而明亦無不誠。此亦正是誠可直至於明，而明亦可直至於誠。於此直入，並無間隔。只要信得及，便即是大行，亦即是大道之行。

由誠而言，此乃是一如《易・乾卦》所云：

「乾道變化，各正性命，保合大和，乃利貞。」

此又如何能夠不會是「誠則明矣」？

由明而言，此亦是一如《易・乾卦》所云：

「大明終始，六位時成，時乘六龍，以御天。」

此又如何能夠不會是「明則誠矣」？

（3）

「惟天下至誠，為能盡其性；能盡其性，則能盡人之性；能盡人之性，則能盡物之性；能盡物之性，則可以贊天地之化育；可以贊天地之化育，則可以與天地參矣。」

由此直上直下，並直下直上，會眞是直截之至，了當之至，並明白之至，圓融之至。

在此章之末，朱註云：

「天下至誠，謂聖人之德之實，天下莫能加也。盡其性者，德無不實，故無人欲之私，而天命之在我者，察之由之，巨細精粗，無毫髮之不盡也。人物之性，亦我之性；但以所賦形氣不同，而有異耳。能盡之者，謂知之無不明，而處之無不當也。贊，猶助也。與天地參，謂與天地並立爲三也。此自誠而明者之事也。」

又朱註此章之末，復附語云：

「言天道也。」

但亦分明是言性情之道。於此所謂「盡其性」，與孟子所謂「盡其心者，知其性也」之「盡其心」，是同是異，是一是二，實至可注意，並至可玩味。此可以看成「盡其性，即盡其心」，或「盡其心，即盡其性」，此即是說：兩者是同，不是異，是一不是二。但亦可以看成「盡其性，非即盡其心」、「盡其心，非即盡其性」，此乃是說：兩者是異不是同，是二不是一。照朱子所註，「盡其性者，德無不實，故無人欲之私，而天命之在我者，察之由之，巨細精粗，無毫髮之不盡也。」此則與盡其心並盡其心之誠，而確知天命之謂性與夫「天命之在我」，實不能不稍異，亦似不能不爲二，而有其間隔。要知盡心，即是盡誠；盡誠即是至誠。至誠即能盡性。孟子言「盡其心者知其性也」。於此，誠知其性，即盡其性，即是「德無不實」。而所謂「察之由之，巨細精粗，無毫髮之不盡」，亦正是盡心之事。此如何能不同？此如何能不一？

正因盡心盡性，合而爲一，故儘可由此直上而直下，又儘可由此直下而直上，並由此推之，即「天地變化，草木繁昌」。如此，方可「盡其性則能盡人之性」，而不必去問「所賦形氣」之不同。又儘可「盡人之性，則能盡物之性」，亦不必更問「所賦形氣」之有異。

似此盡心盡性之事，與夫盡心盡性之誠，亦正所以致中和。由此而「天地位焉，萬物育焉」，便即是「贊天地之化育」。似此贊助，正如大程子所云：

「只有一個誠，何助之有？」

在贊中只有一個誠，並非是助，故由是而與天地參。既與天地參，即與天地並立而爲三，則天是一個誠，地是一個誠，而人亦是一個誠，故更只是一個誠。亦正是所謂：

「先天而天弗違，後天而奉天時。」

（4）**「其次致曲，曲能有誠。誠則形，形則著，著則明，明則動，動則變，變則化，唯天下至誠，為能化。」**

此在朱註，則爲：

「其次，通大賢以下，凡誠有未致者而言也。致，推致也。曲，一偏也。形者，積中而發外也。著則又加顯矣。明則又有光輝發越之盛也。動者，誠能動物。變者，物從而變。化則有不知其所以然者。蓋人之性無不同，而氣則有異，故惟聖人能舉其性之全體而盡之。其次，則必自其善端發現之偏，而悉推致之，以各造其極也。曲無不致，則德無不實，而形著變動之功，自不能已。積而至於能化，則其至誠之妙，亦不異於聖人矣。」

於此，盡心盡性之事，是澈上澈下之事，亦正是澈裏澈外之事。就其爲澈上澈下而言，自「只是一個誠」，並只是一個「至誠」。但就其澈裏澈外而言，則只是一個誠，而「曲於內」，即不能不致其曲，以外顯其「只是一個至誠」。此所以不能不有其曲折，有其通達；更不能不有其層次，有其一貫。惟此曲折，終是誠曲於內，或誠曲於一隅，亦即是澈首澈尾之曲能有誠，而儘可通達。至其澈裏澈外，而終可一以貫之之層次，則亦必因其「誠曲於內」，而不得不形成下列之層次，此即是：

「誠則形，形則著，著則明，明則動，動則變，變則化。」

此亦即是：由誠而形而著而明，又由明而動而變而化。

由誠層層推致於明，又由明層層推致於化，亦即由曲於內之誠，層層推致於外，而成己，成人，成物，成能，成天，成地。其所謂「其次致曲」者，亦只不過是不能不有層次之分明而已，此所以於「贊天地之化育，即可以與天地參矣」一章之後，即說：「其次致曲」之語。在此一大分明之層次上，即：

第一，誠則形，是誠形於外；

第二，形則著，是形著於人；

第三，著則明，是著明於物；

第四，明則動，是明動於天地；

第五，動則變，是動變於鬼神；

第六，變則化，是變化於一切，從而大化流行。

由此層層分明，層層推致，並層層推展，以致其極，而成大化。此即是：

「惟天下至誠，為能化。」

於此，「惟天下至誠為能化」，與夫上章所言之「惟天下至誠，為能盡其性，盡人性，盡物性，而贊化育，參天地」，實並無二致。要知：既只是一個誠，並只是一個「至誠」，又如何能有兩樣？

（5）

「至誠之道，可以前知。國家將興，必有禎祥；國家將亡，必有妖孽。見乎著龜，動乎四體。禍福將至，善必先知之，不善必先知之。故至誠如神。」

在此一章之後，朱註云：

「見音現。禎祥者，福之兆。妖孽者，禍之萌。著，所以筮；龜，所以卜。四體。謂動作威儀之間，如執玉高卑，其容俯仰之類。凡此皆理之先見者也。然惟至誠之至極，而無一毫私僞留於心目之間者，乃能有以察其誠焉。神，謂鬼神。」

又朱註於此章之末，復附語云：「言天道也。」而於前章「惟天下至誠爲能化」，則附語云：「言人道也。」實則，在此等處，要說「言天道」，都是同樣言天道。說是「言人道」，則此前後兩章無不是「言人道」。此乃是天道同於人道，亦正是人道同於天道。此是性情之際，亦正是天人之間。故至誠能化，又至誠如神。其「動變於鬼神」，「變化於一切」，正是所謂「如神」，所謂「能化」。孟子稱：

「君子所過者化，所存者神。」

此處所說之君子，亦正是天下至誠之君子。似此能化如神，正不必限於聖人。人皆可以爲堯舜，即人皆可以有至誠。而人皆可以有至誠，亦即人皆可以「能化」又「如神」。既是「能化」，既是「如神」，則「至誠之道，可以前知」，就不必是難事，亦不必限於人事。譬如禎祥，福之兆，似此福兆，正是一切之福兆，一切之造化。不必限於人，亦不必限於國家。譬如「妖孽，禍之萌」，似此禍之萌，亦正是一切之禍萌，一切之變異。不必限於人，亦不必限於國家。

所謂「禍福將至，善必先知之」，此則，人知之，物亦知之。

所謂「不善必先知之」，亦復如此。

在此所謂「善」，所謂「不善」，正是所謂誠與不誠。此在人，是動乎四體，動乎「動作威儀之間」。此在物，是見乎蓍龜，現於一筮一卜之際。於此，實無一毫私，亦無一毫僞，留在心中；故只是一個誠。於此，實無一毫偏，亦無一毫假，現於目下，故亦只是一個至誠之至極。

天地之間，是一氣之流行，亦正是一理之流行。人物亦復如是。

天地之間，是一善之流行，亦正是一化之流行。鬼神亦莫不然。

至誠之至極，可以是一氣，亦可以是一理，又可以是一善，更可以是一化，可以是大化。此所以是：至誠能化。此亦所以是：至誠如神。

從能化言，此是簡單化到一點。
從如神言，此是純一化到極點！

（6）

「誠者，自成也。而道，自道也。誠者，物之終始，不誠無物。是故君子誠之為貴。誠者，非自成己而已也，所以成物也。成己，仁也。成物，知也。性之德也，合外內之道也，故時措之宜也。」

此所謂「誠者，自成也」，實即是自性之眞實成就，或一己生命之眞實存在。亦即是《易經》所說之「成性存存」，或「各正性命」。要知在此等處，會必然用得著一個誠，也只能用得著一個誠。而且在此等處，還會少得了一個誠嗎？此正是金剛不壞，至眞至實！

至所謂「道，自道也」之自道，則正是「天命之謂性，率性之謂道」，此亦只是性情之道，別無他道。於此，至情眞情，自本自根，直道而行，當下是道。此是中和之在己，此是《中庸》之由己，此亦正是《易》所謂「易簡而天下之理得矣」之易簡之道。此亦不外乎是自性的眞實完成之道，此亦無非是一己的眞實存在之道。

於是更由己以及乎人，更由人以及乎天地萬物，則誠之所在，即莫不是徹始徹終之存在，亦莫不是至眞至實之存在。如若不然，便即是「不誠無物」。亦即是一切爲「空空洞洞之存在」，或一切非「徹頭徹尾，徹始徹終」之存在。

到此處，君子之所以爲君子，會只在一個誠，而必然是「誠之爲貴」，「誠之爲本」，「誠之爲主」，「誠之爲體」，「誠之爲性」。

由是而誠及乎己，便是成己；誠及乎天地萬物，便是成物。於此，成己正所以成物，而成物亦正所以成己。

由成己正所以成物而言，此即是仁，亦即是所謂「仁者以萬物爲一體」。

由成物正所以成己而言，此即是知，亦即是所謂「易簡而天下之理得矣」。

於此，只是一個誠，便即成己成物，成仁成智，成性成德，進而成始成終，成天成地。此則莫非是性之德。此亦莫非是「合外內之道」，此更莫非是「時措之宜」。

在此章之後，朱註云：

「誠，雖所以成己。然既有以自成，則自然及物，而道亦行於彼矣。仁者體之存，知者用之發，是皆吾性之固有，而無內外之殊。既得於己，則見於事者，以時措之，而皆得其宜也。」

又朱子於此章之末，更附言：

「言人道也。」

此則因其只見其「既得於己，則見於事者」而言。實則此篇既以誠爲「性之德也」，又以誠爲「合外內之道也」，則由性德而合外內之道，便亦自然而合天道於人道，並合人道於天道，而無可或分，不能有隔。要知：此只是推致之道，亦只是澈上澈下之道。

（7）

「故至誠無息，不息則久，久則徵，徵則悠遠，悠遠則博厚，博厚則高明。博厚所以載物也。高明所以覆物也。悠久所以成物也。博厚配地，高明配天，悠久無疆。如此者不見而章，不動而變，無為而成。

天地之道，可一言而盡也：其為物不貳，則其生物不測。天地之道，博也，厚也，高也，明也，悠也，久也。

今夫天，斯昭昭之多，及其無窮也，日月星辰繫焉，萬物覆焉。今夫地，一撮土之多，及其廣厚，載華嶽而不重，振河海而不洩，萬物載焉。今夫山，一卷石之多，及其廣大，草木生之，禽獸居之，寶藏興焉。今夫水，一勺之多，及

其不測，黿鼉、蛟龍、魚鼈生焉，貨財殖焉。《詩》云：『維天之命，於穆不已！』蓋曰：天之所以為天也。『於乎不顯，文王之德之純！』蓋曰：文王之所以為文也，純亦不已。」

誠只是眞實的一個存在，所以誠又只是一個無息的原理。同時，無息的一個原理，亦正是一個至誠的存在。就因爲如此，所以是「誠者，物之終始」，此乃是物終於誠，亦始於誠，而不是「空空洞洞」。就因爲如此，亦所以是「不誠無物」，此乃是：不誠則息，息則物無由終，亦無由始，正是一個空空洞洞。以言至誠，自更會是「至誠無息」；而此「無息」，亦正是一個至誠之所在。朱註於此稱：

「既無虛假，自無間斷。」

此亦正可以說：既絕無間斷，以至無息，自會是毫無虛假，而只是至誠。反之，便即爲：至誠便自然無息。於此，一個無息原則，是一個永恆的原則；一個永恒原則，是一個不朽的原則；一個不朽原則，是一個亙古長存的原則。由此亙古長存，只是眞實，又如何能有間斷。

只因一至於誠，便即不息，故一不息，即久於誠；故不息則久。只因一久於誠，便即有徵；故久則徵。只因一有所徵，便即成己；而由成己以成物，便即悠遠；故徵則悠遠。再由成己以成物，便即博厚；故悠遠則博厚。更由成物以成德，便即高明；故博厚則高明。在此，只是一直而上，又一以貫之。

「博厚所以載物」，而載物即所以成地。「高明所以覆物」，而覆物即所以成天。「悠久所以成物」，亦即悠遠而久，乃所以成物，而成物亦即所以成己。到此地步，便即是：「與天地參矣」。

博厚配地，此亦是配地，即所以博厚。高明配天，此亦是配天，即所以高明。悠久無疆，此亦是無疆，即所以悠久。由是「不見而章」，就是誠之顯，有如《易經》所言之「顯諸仁」。「不動而變」，就是誠之發諸內，有如《易經》所言之「發乎辭」，「無為而成」，就是誠之藏，有如《易經》所言之「藏諸用」。

關於天地之道，「其為物不貳」，正是至誠無息；其生物不測，正是大化流行。而其「博也，厚也，高也，明也，悠也，久也」，則正如《易經》所載之「大明終始，六位時成」。所以儘可由昭昭之多，而萬物覆；由撮土之多，而萬物載。並由卷石之多，而寶藏興；由一勺之多，而貨財殖。

至於「維天之命，於穆不已」，此亦正如《易》所言之「成性存存，道義之門」，此乃是道德之形而上的安頓。

而「於乎不顯，文王之德之純」，則更如《易》所謂之「易簡之善配至德」。其「純亦不已」，正是「文思安安」，此乃是生命與性情之澈底與究竟之安排。

於此朱註云：

「詩，《周頌。維天之命篇》。於，歎辭，穆，深遠也。不顯，猶言豈不顯也。純，純一不雜也。引此以明至誠無息之意。」

實則此一《周頌》之詩，雖一方面是「引此以明至誠無息」之意，但另一方面，亦儘可以引此以明整個天道與人道。故朱註又引程子曰：

「天道不已，文王純於天道亦不已。純則無二無雜，不已則無間斷先後。」

（8）

「大哉聖人之道！洋洋乎發育萬物，峻極於天。優優大哉，禮儀三百，威儀三千。待其人而後行，故曰：苟不至德，至道不凝焉。故君子尊德性而道問學，致廣大而盡精微，極高明而道中庸，溫故而知新，敦厚以崇禮。是故居上不驕，為下不倍。國有道，其言足以興。國無道，其默足以容。《詩》曰：既明且哲，以保其身。其此之謂與？」

聖人之道，至誠無息。而此無息之至誠，其致中和之發於外，自會是育萬物而「峻極於天」。

至於「禮儀三百，威儀三千」之周禮之形成，則正是此一至誠無息之客觀化。只不過，道之浩浩，終待其人，與其至德，始能有其凝聚，有其主體。

於此，君子「修道之謂教」，其教之主體，自只是性情，自只是德性，故必尊之；此其一。但為尊德性，終必由於學，故必道問學；此其二。而問學自非一端，且須識其大，故必致廣大；此其三。惟廣大終非泛泛，更不能情識而肆，虛玄而蕩，故必盡精微；此其四。但盡精微亦不可膠著而固結，陷於一隅，日趨卑微，故必極於高明；此其五。只是高明自高明，終須落實；如只能高明去想，不能簡單去活，則即騰空而失常以失中，故必道中庸；此其六。由此而尊著傳統，自應有所維護，對著古人，更應有其敬意，故必溫故；此其七。惟後生可畏，生生不已，化化無窮，不能自封，故必知新；此其八。由此而更反求諸己，更復其見天地之心，便自不能趨於流走，而「玩弄光景，播弄精魂，氣魄承當」，故必敦厚；此其九。至此，不斷回頭，不斷約束，不斷歸一，不斷成純，以使天地位，並與天地參，故必崇禮；此其十。似此十事，可成五句。似此五句，不外一教。此即是性情之教，亦即是德性之教，或君子之教，更即是聖人之教。

朱註於此有語云：

「尊者，恭敬奉持之意，德性者，吾所受於天之正理。道，由也。溫，猶燖溫之溫。謂故學之矣，復時習之也。敦，加厚也。尊德性，所以存心，而極乎道體之大也。道問學，所以致知，而盡乎道體之細也。二者修道凝德之大端也。不以一毫私意自蔽，不以一毫私欲自累，涵泳乎其所已知，敦篤乎其所已能，此皆存心之屬也。析理則不使有毫釐之差，處事則不使有過不及之謬，義理則日知其所未知，節文則日謹其所未謹，此皆致知之屬也。蓋非存心，無以致知。而存心者，又不可以不致知。故此五句，大小相資，首尾相應。聖賢所示入德之方，莫詳於此，學者宜盡心焉。」

朱子在此之註，亦正是「莫詳於此」，而自成其朱學，其影響所及，實已有數百年之久，可謂至大。惟存心致知，終非即「盡心知性知天」，亦非即是尊德性。且似與尊德性，終有其若干之距離在。

所謂「居爲上不驕」，此會是：「有天下也，而不與焉」；又會是：「如有周公之才之美，使驕且吝，其餘不足觀也矣」；更會是：「吾有知乎哉？無知也」，「吾少也賤，故多能鄙事。君子多乎哉？不多也」。

而所謂「爲下不倍」，則只是「君子遯世無悶，終身不見知而不悔」；又會是：「聖人以此洗心而退藏於密」。

就因爲如此，「國有道，其言足以興」。此正是所謂「甯武子邦有道則知，邦無道則愚，其知可及也，其愚不可及也」。此亦是所謂「求仁而得仁，又何怨」，「邦無道，富且貴焉，恥也」，與夫「邦無道，危行言遜」，以及「邦無道，則可卷而懷之」。而且更會是「天何言哉？四時行焉，百物生焉，天何言哉？」以及《易經》所言之「天下何思何慮？」於此，《詩》所言之「既明且哲，以保其身」，正是所謂：「黃中通理，美在其中。」（《坤・文言》）

（9）

「子曰：愚而好自用，賤而好自專，生乎今之世，反古之道，如此者，烖及其身者也。非天子不議禮，不制度，不考文。今天下車同軌，書同文，行同倫，雖有其位，苟無其德，不敢作禮樂焉。雖有其德，苟無其位，亦不敢作禮樂焉。子曰：吾說夏禮，杞不足徵也。吾學殷禮，有宋存焉。吾學周禮，今用之。吾從周。」

此一章，乃是從整個人文和禮樂上說。此在一般人，總常是在此等處，「愚而好自用，賤而好自專」，而且越是好自用，便越是愚；愈是好自專，便愈是賤。就因為如此，往往不容於今之世，反而枉思假古之道，復古之禮，以求保其身，此則不僅不是「既明且哲」，而且更會是「烖及其身」。此乃是昧於「明哲保身」，而全不識所謂「傳統」之意義，亦全不識所謂「保守」之價值，更全不識所謂「述而不作」，「好古敏求」之精神。

關於禮樂方面之「議禮」、「制度」、「考文」，此乃是一大事體，有關全體，有關家園，有關天下。在此總須有其一大客觀精神，始可從事。不可泛泛而談，更不可草草了事。此乃一方面是「外王」之事，而另一方面又為內聖之事。此所以說：「雖有其位，苟無其德，不敢作禮樂焉。」但於此，同樣亦會是：一方面為「內聖」之事，另一方面又為外王之事。此所以又說：「雖有其德，苟無其位，亦不敢作禮樂焉。」此據朱註載：

「鄭氏曰：言作禮樂者，必聖人在天子之位。」

按鄭氏為鄭康成，其離古較近，於周公制禮作樂之事，研考亦較詳。周公雖未踐天子之位，但其位並不亞於天子。且其德更為聖人所夢寐以求之，實可謂「既有其德，又有其位」，所以會「敢作禮樂」。

史載：倉頡製作文字，完畢之後，便即：

「天雨粟，鬼夜哭。」

此雖近乎神話，但一個國家，一個社會，能有文字之制作，必須其國家能有高度之農業生產，而其社會又爲一眞正之農業社會，並有其農業文化，始可完成。此所以是：完成之後，天即雨粟，鬼則因人文而哭。

而禮樂之制作，則直至周公始告大成。此使大程子有語爲：「盡性至命，必本於孝弟。窮神知化，由通於禮樂。」故禮樂之完成，實爲一大人文世界之完成。此則雖不再是「天雨粟，鬼夜哭」，但確已是「天心大，鬼神化」，亦即是天心合乎人心而愈大，鬼神亦復是人文化成，而「郁郁乎文哉」了。

由是孔子即因夏禮不足徵，殷禮有宋存，故即學周禮。周之禮樂爲當時所用，故曰：

「吾從周！」

（10）

「王天下有三重焉，其寡過矣乎！上焉者，雖善無徵，無徵不信，不信民弗從。下焉者，雖善不尊，不尊不信，不信民弗從。故君子之道，本諸身，徵諸庶民，考諸三王而不謬，建諸天地而不悖，質諸鬼神而無疑，百世以俟聖人而

不惑。質諸鬼神而無疑，知天也。百世以俟聖人而不惑，知人也。是故君子動而世為天下道，行而世為天下法，言而世為天下則。遠之則有望，近之則不厭。《詩》曰：在彼無惡，在此無射；庶幾夙夜，以終永譽。君子未有不如此，而蚤有譽於天下者也。」

此一章之首二句，據朱註云：

「呂氏曰：三重，謂議禮，制度，考文，惟天子得以行之，則國不異政，家不殊俗，而人得寡過矣。」

此只是從制禮作樂上說。但若從人文和道德上言，則以上由中和到中庸，更由中庸到誠之三重，亦正是王天下之根本，而其要則爲寡過。惟能愼獨寡過，則可至於誠明。惟能誠能明，始可至於中庸。惟中庸中道，始可至於中和。而中則是天下之大本，和則是天下之達道。故由寡過以王天下，亦正是直上直下之道。

在此等處，說得太高，所謂直上而言，或「上焉者」，自然是善，但「雖善無徵，無徵不信，不信民弗從」，便即非中庸之中道。在此等處，說得太低，所謂直下而說，或「下焉者」，自然亦是善，但又是「雖善不尊，不尊不信，不信民弗從」，此亦非中庸之道。

此中庸之中道，是中和之道，亦正是誠明之道，或君子之道。

君子之道，「本諸身」，此乃是本諸一己之誠，此亦正是所謂一己之主體精神。

君子之道，「徵諸庶民，考諸三王而不謬，百世以俟聖人而不惑」，此乃是本諸一己之明，亦即所謂一己之知人，或一己之客觀精神。

君子之道，「建諸天地而不悖，質諸鬼神而無疑」，此乃是本諸一己之「盡心，知性，知天」，亦即一己之超越，或一己之絕對精神。

就因爲如此，所以君子之動，會是「不動而變」，而「世爲天下道」。

亦因如此，故君子之行，會是「不行而至」，此所以「世爲天下法」。

更因如此，故君子之言，又儘會是「不言而信」，此所以「世爲天下則」。

此即君子的一個偉大人格，由是而有其眞實之完成，並儘可以使人對之會是：

「遠之則有望，近之則不厭。」

此據朱註，則爲：

「動兼言行而言，道兼法則而言。法，法度也。則，準則也」。

此亦正是《詩》所云之「在彼無惡，在此無射」！

（11）

「仲尼祖述堯舜，憲章文武，上律天時，下襲水土。譬如天地之無不持載，無不覆幬。辟如四時之錯行，如日月之代明。萬物並育而不相害，道並行而不相悖。小德川流，大德敦化。此天地之所以為大也。」

此則正如宋人言：

「孔子，天地也。」

此則又如宋人云：

「天不生仲尼，萬古如長夜。」

於此，漢人揚雄云：

「觀乎天地，則見聖人。」

而程子則云：

「不然，觀乎聖人，則見天地。」

於此，「仲尼祖述堯舜」，只不過祖述自是祖述，而孟子則云：

「孔子賢於堯舜。」

於此，仲尼「憲章文武」，只不過「文武之政，布在方策，其人存則其政舉，其人亡則其政息」，而孔子則爲「萬世宗師」，司馬遷《史記》稱：

「高山仰止，景行行止；雖不能至，心嚮往之。」

於此，仲尼更「上律天時，下襲水土」。此據朱註云：

「祖述者，遠宗其道，憲章者，近守其法。律天時者，法其自然之道，襲水土者，因其一定之理，皆兼內外，該本末，而言也。」

只不過，孔子又自云：

「天何言哉？四時行焉，百物生焉，天何言哉？」

而在《易。繫辭》中，更明言：

「天下何思何慮？天下同歸而殊途，一致而百慮，天下何思何慮？」

此只是上律天時。至於「下襲水土」，則子在川上曰：

「逝者如斯夫，不舍晝夜。」

又其在《易・繫辭》中，更有語云：

「樂天知命故不憂，安土敦乎仁，故能愛。」

此則，正如前所言：

「博厚配地，高明配天，悠久無疆。」

此乃眞正是：

「無不持載，無不覆幬。」

由此而觀孔子，則孔子之「喜怒哀樂」，即正爲：

「譬如四時之錯行。」

由此而觀孔子，則孔子之道德文章，即正如：

「日月之代明。」

由此而更觀孔子，則即見天地，亦即所謂：

「萬物並育而不相害，道並行而不相悖。」

而孔子之道，亦即天地之道，此只是所謂：

「小德川流，大德敦化。」

於此朱註云：

「小德者，全體之分。大德者，萬殊之本。川流者，如川之流，脈絡分明，而往不息也。敦化者，敦厚其化，根本盛大，而出無窮也。」

實則，所謂「小德川流」，正如孟子所言之「原泉混混，有本者如是」。而所謂大德敦化，則只會是一如《易・繫辭》中所載之言：

「窮神知化，德之盛也，過此以往，未之或知也。」

此乃是「天地之所以爲天地」，亦正是所謂：

「此天地之所以爲大也」。

由此而論「孔子之所以爲孔子」，自亦是所謂：

「自生民以來，未有孔子也。」

又子貢亦對人言孔子而回答道：

「夫子之不可及也，猶天之不可階而升也。」

凡此亦皆是：「孔子之所以爲大也」。

（12）

「唯天下至聖，為能聰明睿知，足以有臨也；寬裕溫柔，足以有容也；發強剛毅，足以有執也；齊莊中正，足以有敬也；文理密察，足以有別也。溥博淵泉，而時出之。溥博如天，淵泉如淵。見而民莫不敬，言而民莫不信，行而民莫不說。是以聲名洋溢乎中國，施及蠻貊，舟車所至，人力所通，天之所覆，地之

所載，日月所照，霜露所隊，凡有血氣者，莫不尊親。故曰：配天。」

似此天下之至聖，亦正是天下之至誠。而似此天下之至誠，會亦如釋氏之所謂「眞如」，老氏之所謂「一」，所謂「天得一以清，地得一以寧」，並亦如基督《新約》所稱之「上帝就是眞理，就是生命，就是道」。於此，亦儘可以說：天下之至誠，就是天下之至眞，天下之至一，並即是天之至清，地之至寧，更即是眞理，即是生命，即是道。此所以是：「足以有臨」，「足以有容」，「足以有執」，「足以有敬」，「足以有別」。

臨是高明之臨，亦即「聰明睿知，足以有臨」。此乃即是天之高明，而明明在上，由誠而明，由誠而臨。

容是博厚之容，亦即「寬裕溫柔，足以有容」。此乃即是地之博厚，而無所不包，由誠而厚，由誠而容。

執是「乾乾」之執，亦即「發強剛毅，足以有執」。此乃即是「天行健，君子自強不息」，而擇善固執，由誠而健，由誠而執。

敬是悠久無疆之敬，亦即「齊莊中正，足以有敬」。此乃即是「峻極於天」，而「於穆不已」，由誠而久，由誠而敬。

別是上天下地之別，亦即「文理密察，足以有別」。此乃即是「光天化日」，而無所隱蔽，由誠而顯，由誠而別。

凡此一切俱由誠而有，由誠而至，自會使此一切在誠之中，源源而出，以有其眞實之存在，此所以是；

「溥博淵泉，而時出之。」

朱註於此稱：

「溥博，周徧而廣濶也。淵泉，靜深而有本也。出，發見也。言五者之德，充積於中，而以時發見於外也。」

實則此五者之德，即有臨、有容、有執、有敬、有別之德，充積於中，固無一不是誠，無一不是誠之至。

由此天下之至誠，以成天下之至聖，此即使天下之至聖，一顯而爲：

「溥博如天，淵泉如淵。」

此在孔子，則只是：

「溫，良，恭，儉，讓。」

此在舜禹，則只是：

「巍巍乎舜禹之有天下也，而不與焉。」

此在堯，則只是：

「巍巍乎，唯天爲大，唯堯則之。」

因此之故，人人一見此如天如淵之偉大靜深而有博大至誠之人，便自然會是：

「見而民莫不敬！」

及其有言，便即自然會：

「言而民莫不信。」

而且還會是：不言而信。及其有行，亦自然會：

「行而民莫不說。」

而且還會是：「不動而敬，不行而至。」

到此之際，自又會是：

「凡有血氣者，莫不尊親。」

凡此由天下之至誠，到天下之至聖，其爲人人之所敬，所信，所說，又爲人人之所尊，所親，以至於永遠，至於無疆，自會只是高明，只是博厚，而儘可配天配地，故曰：

「配天。」

（13）

「唯天下至誠，為能經綸天下之大經，立天下之大本，知天地之化育，夫焉有所倚？肫肫其仁，淵淵其淵，浩浩其天。苟不固聰明聖知，達天德者，其孰能知之？」

在此一章，更是由天下之至聖，以到天下之至誠。似此天下之至誠，又不僅僅是「配天」，而且是「經綸天下之大經，立天下之大本，知天地之化育」。

在此一章之末，朱註附言：

「承上章而言大德之敦化，亦天道也。前章言至聖之德，此章言至誠之道。然至誠之道，非至聖不能知；至聖之德，非至誠不能爲。則亦非二物矣。此篇言聖人天道之極致，至此而無以加矣。」

此所謂「至此無以加」，自會是：

「肫肫其仁，淵淵其淵，浩浩其天。」

所謂「肫肫其仁」，會只是仁之肫肫，而無可言說。其「能經綸天下之大經」，則即是仁覆天下與天下歸仁。於此，大經是大常，大常是人極。仁道是常道，亦正是立人極之道。

此則唯天下之至誠能立，而「無以加矣」。

所謂「淵淵其淵」，會只是淵之淵淵，而無可言說。其能「立天下之大本」，則即是深不可測，而懷藏一切。於此，大本，「中也者天下之大本」，是大中，是大中至正，是大和，是保和，是中和，是中庸，是中道，亦正是立太極之道，此則亦唯天下之至誠能之，而「無以加矣」。

所謂「浩浩其天」，會只是天之浩浩，而無可言說。其能知天地之化育，則即是盡其性，盡人性，盡物性，而「贊天地之化育」，以參天地。於此，天地位，萬物育，大化流行，大道流行，大德流行，更正是立乾坤廣大至極之道。此則更唯天下之至誠能之，而「無以加矣」。

凡此人極，太極與夫乾坤廣大至極之道，其所以能立，會都只是一個誠，只是一個至誠，並只是一個至誠無息，而絕無「倚著」，故曰：

「夫焉有所倚？」

肫肫其仁，據朱註稱：乃是「懇至貌，以經綸而言」。此則不外一個誠。而人人能有，人人能知。但於此至誠無息，純亦不已，則唯有聰明聖知，方能知之。此乃是知仁之全，而能「顯諸仁」。

淵淵其淵，據朱註稱：乃是「靜深貌，以立本而言」。此亦不外一個誠，而人人能有，人人能知。但於此至誠無息，「於穆不已」，則惟有達天德者始能知之。此乃是知淵之全，而能「藏諸用」。

浩浩其天，據朱註稱：乃是「廣大貌，以知化而言」。此仍不外一個誠，而人人能有，人人能知。但於此至誠無息，至誠如神，則惟有「固聰明聖知，達天德者」知之。此乃是知天之全，而能「化」。亦正是朱註所稱：

「鄭氏曰：唯聖人能知聖人也。」

此所云「唯聖人能知聖人」，亦正是以天知天，以淵知淵，以仁知仁。此會是生知，亦會是自然而知，由誠而明知。

（14）

「《詩》曰：『衣錦尚絅。』惡其文之著也。故君子之道，闇然而日章；小人之道，的然而日亡。君子之道，淡而不厭，簡而文，溫而理；知遠之近，知風之自，知微之顯，可與入德矣。《詩》云：『潛雖伏矣，亦孔之昭。』君子內省不疚，無惡於志。君子所不可及者，其唯人之所不見乎？《詩》云：『相在爾室，尚不愧於屋漏。』故君子不動而敬，不言而信。《詩》曰：『奏假無言，時靡有爭。』是故君子不賞而民勸，不怒而民威於鈇鉞。《詩》曰：『不顯惟德，百辟其刑之。』是故君子篤恭而天下平。《詩》云：『予懷明德，不大聲以色。』子曰：『聲色之於以化民，末也。』《詩》曰：『德輶如毛』，毛猶有倫。『上天之載，無聲無臭』，至矣！」

在此一章之末，朱子附語云：

「子思因前章極致之言，反求其本，復自下學為己謹獨之事，推而言之，以馴至乎篤恭而天下平之盛。又贊其妙，至於無聲無臭，而後已焉。蓋舉一篇之要，而約言之。其反覆丁寧示人之意，至深切矣。學者其可不盡心乎？」

實則《中庸》一書，至此已是一個總結。陽明謂「子思括《大學》一書之義，於《中庸》首章」。而自首章至此一末章，合而觀之，則其與《易傳》，正是脈絡相通，一貫而下，實至可玩味，至為深切，並至應盡心。其「無聲無臭」，正是「天下何思何慮」，張橫渠少年好兵書，並謁范仲淹相國談兵。范仲淹乃將此《中庸》一書，送其研讀，其用心真是至為遠大而高明。

《中庸》一書，即中庸之道。中庸之道，即中道，亦即中和之道。《中庸》一書，即誠道，即誠之之道，即誠明之道，亦即至誠之道。而至誠之道，亦即天人之道，亦即乾坤之道，亦即易簡之道。《易傳》稱：

「乾以易知，坤以簡能。易則易知，簡則易從。易知則有親，易從則有功。有親則可久，有功則可大。可久則賢人之德，可大則賢人之業。易簡而天下之理得矣，天下之理得，而成位乎其中矣。」

似此易簡之道，亦正是可久可大之道，亦正是賢人之道，聖人之道，與夫君子之道。上所謂「成位乎其中」，會即是成人位，立人極，於上天下地之中，以至於無限和永恒之內。亦即是天地位，萬物育，於無窮和不朽之中，以至於贊化育，參天地之上。

至此「衣錦尚絅」，即錦衣加襌衣於其上，以免其文之著，正所以說明中庸，說明易簡。由是「君子之道，闇然而日章」，亦正是說明由誠而明，與夫「誠則明矣」。至此，君子之道，以至聖人之道，便即只是淡，又只是不厭；只是簡，又只是文；只是溫，又只是理。而且同樣會只是易知，只是易從，只是有親，只是有功，只是可久，只是可大。

因此之故，更必然會知無窮之遠，只是近在眼前；知長風之至，只是來自天末。而一念之微，則大可以「顯諸仁，藏諸用」，以「範圍天地之化而不過，曲成萬物而不遺，通乎書夜之道而知」。至此，便自然會「可與入德矣」，可與入君子之德，亦正可以入聖人之德。所謂「潛雖伏矣，亦孔之昭」，此是潛伏之存在，亦正是光明之存在。此是個人之存在，亦正是「獨體」之存在。此是形下之存在，亦正是形上之存在。君子於此，一本其誠，以反諸己；又一本其性，而「內省不疚」，便自會無愧於心，以無惡於志。此乃人之所不見，但此亦正是「君子之所不可及」。

所謂「相在爾室，尚不愧於屋漏」。此是君子聖人之慎其獨居，慎其獨體，而不媿於一心，不媿於屋漏，此所以是：

「不動而敬，不言而信。」

所謂「奏假有言，時靡有爭」。所謂「不顯惟德，百辟其刑之」，據朱註所云，此只是「進而感格於神明之際，極其誠敬，無有言說，而人自化」。此所以是：

「不賞而民勸，不怒而民威於鈇鉞」。

此所以又是：

「天子有不顯之德，而諸侯法之。」

至此，君子亦只是篤敬，只是誠謹，只是篤恭，只是如聖人之至德洞澈。其自然之應，便即是：「篤恭而天下平。」

至所謂「予懷明德，不大聲以色」。則正如孔子之言：

「聲色之於以化民，末也。」

此則因「君子所過者化，所存者神」，若去其「不顯之德」，乏其無形之誠，而以聲色去「過化」，存神，便即是非化，非神。故說曰「末也」。且既已「懷明德」，便自不應「大聲以色」。

由此以言中庸之德與夫至誠之妙，則《詩經》庶民之詩所言「德輶如毛」，仍是有所比擬，有所思議，有所言說。

至此之際，無可比擬，無可思議，無可言說之中庸，亦即不能比擬，不能思議，不能言說之至誠，便只能姑說之以如次之句，此即：

「上天之載，無聲無臭，至矣。」

或有人言：「中庸之道，至誠之妙，既是無聲無臭，便只是平平，不足爲高。」

於此，王陽明有語云：

「高山之高，何如平地之大？」

又有人言：「《中庸》一書，其言中庸，何以又極力言誠？」

在此當知：中庸與至誠，實是一體兩面，合而言之，方爲完整，方是至善。

惟更有人言：「『中庸不可能也』，與『民鮮能之』二句之義，終爲如何？究竟如何？」

此乃因中庸而乏至誠，則每至於鄉原，而不自覺，故不能不有此警語！但亦正是「究竟語」，此則須人去苦苦參究，有如朱子之「苦參中和」。

國家圖書館出版品預行編目資料

中庸講義 / 程兆熊著. -- 初版. -- 新北市：華夏出版有限公司, 2024.05

面； 公分. - -（程兆熊作品集. 01；004）

ISBN 978-626-7296-49-3（平裝）

1.CST：中庸 2.CST：研究考訂

121.2537 112008293

程兆熊作品集01 004

中庸講義

著　　作　程兆熊
出　　版　華夏出版有限公司
220 新北市板橋區縣民大道 3 段 93 巷 30 弄 25 號 1 樓
電話：02-32343788　傳真：02-22234544
E-mail　pftwsdom@ms7.hinet.net
印　　刷　百通科技股份有限公司
電話：02-86926066　傳真：02-86926016
總 經 銷　貿騰發賣股份有限公司
新北市 235 中和區立德街 136 號 6 樓
電話：02-82275988　傳真：02-82275989
網址：www.namode.com
法律顧問　呂榮海律師
103 台北市大同區錦西街62號
電話：02-25528919
版　　次　2024年5月初版一刷
定　　價　新台幣 390 元　（缺頁或破損的書，請寄回更換）

ISBN-13：978-626-7296-49-3
《中庸講義》由程明琤授權華夏出版有限公司出版繁體字版

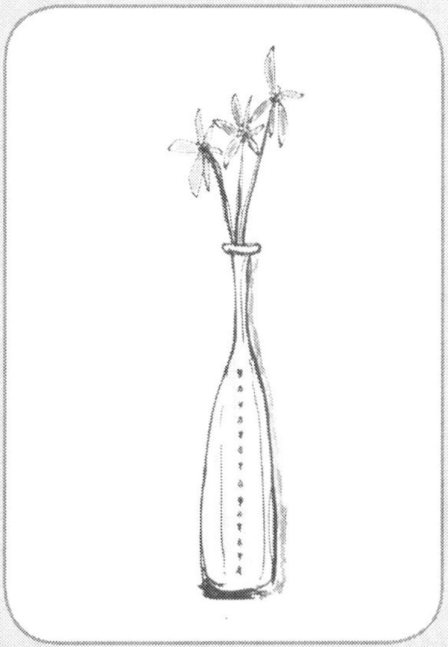